めまぐるしい毎日でも
暮らしが回る

50点家事

サチ

はじめに

家事に「能力」は絶対ではない

整理収納アドバイザーとして活動する私は、家事の中で片づけは得意なものの、料理、掃除、洗濯のスキルは平均点以下。それでも11歳を筆頭に9歳、6歳と3人の子どものお腹を満たし、快適に暮らす環境を整備しなければなりません。しかも夫は単身赴任中です。

膨大な家事量を前にして思うのは、一刻も早く家事から自由になりたい！　ということ。いかに少ない労力で、そこそこの結果を残せるか。どんな順番でどんなふうに進めれば、最短ルートを取れて効率よく動けるか。システムエンジニア時代に培った「効率化戦略」を家事に取り入れ、日々の負担を軽くしています。

また、家事が苦手だからこそ、思いきって開き直れることも。「一汁三菜でなくてもいいんじゃない？」「見えるところだけキレイにすれば十分！」と気楽に家事のハードルを下げられ、自分のスキルに合ったやり方を見つけられます。

無理をしない方法でサクッとやっつける。スキルの低さは、家事の見方を変えてカバーしています。

凍らせれば長持ち

流行の「つくり置き」は、消費に追われて合いませんでした。「冷凍つくり置き」なら、消費期限が延びてわが家のペースにぴったり

「家事の達人」を目指さない

「家事は苦手」と自認しながらも、雑誌やWebで家事を完璧にこなす達人を見るたびに、心の奥がチクッと痛みます。達人の暮らしには憧れますが、かかる手間暇を愛でることができないのです。

自分を奮い立たせるために、暮らしにさまざまな家事のルールをちりばめてみたときもありました。水曜日は水回りの掃除をしたり、朝食の献立に必ず汁物を入れたり。でも、ルール自体を窮屈に感じ、途中で挫折して自分にがっかりすることも……。そこで気づいたのです。そもそも家事のルールを守れる人は、スキルの高い人だと。

だからといって、家事の努力を怠っているわけではありません。達人は家事の手間が増えることを苦にしませんが、対して私は家事の手間を極力減らすことに注力します。努力のベクトルが異なるだけなのです。

私のような「カジニガテ」が完璧を目指すと、家事は続かなくなります。家事は毎日続く長期戦の仕事。まずは「家事の達人」にはなれない自分を認めることが、自分のやり方を見つける第一歩です。

リストよりシンプル収納

リスト表の作成は、達人にできても私には無理！　得意な収納で、ひと目で確認できるようにすれば、リスト化の必要なし

50点なら「カジニガテ」でも暮らしは回る

家事に目標値を設けるとしたら、達人は100点、私は50点。システムエンジニア時代、仕事も育児も家事も全力で取り組んで心身のバランスを崩した経験から、目標値を低く設定。暮らしに余裕を持つことで、忙しくて疲れていても家事をできるようにしています。

たとえば料理なら、100点を目指して手の凝ったおかずを何品も用意するより、50点を目指して「冷凍つくり置き」（P38）や前日の残り物を使い、時間に余裕を持たせます。すると、何か起こっても、ゆったりとした気持ちで対応できます。私が目指すのは、世間から称賛されるような「素敵暮らし」ではなく「安定した暮らし」。無理して質の高い家事を目指すと、どこかにしわ寄せができるもの。いわゆるワンオペ育児のわが家では、それは子どもに及び、必要以上にせかしたり、子どものミスにイライラしてしまいます。

家事の目標値を下げるのは恥ずかしいことではありません。世間の評価を気にして子どもにしわ寄せが及ぶ100点の家事より、「カジニガテ」でもできる50点の家事が、家族を幸せにしてくれます。

履いたら戻さない

たたきも下駄箱も塵ひとつない100点は目指しません。汚れた靴は出しっぱなしで下駄箱掃除を手放し、たたきだけを掃除

「やらされてる」から「これならやれる！」に

家事の目標値を50点に定めたわが家では、「昨日と同じくらい今日も幸せと思えたら合格！」だと考えています。

料理では、家族全員お腹を空かせず、毎日元気でいられること。掃除では、目につくところをキレイに保てること。洗濯では、毎日着るものに困らないこと。片づけでは、もの探しに時間を奪われないこと。わが家では、これらが幸せに暮らすための最低限のライン。言い換えると、私の「これならやれる！」ラインです。

家事には上限も下限もありません。そのラインを決められるのは、私と家族だけ。目標値の50点は、「無理なく続けられるかどうか」が物差しになります。世間の基準に合わせているうちは、「やらされてる」感がつきまとって苦しいばかり。SNSで「イイネ！」をもらうより、家族に「イイネ！」と言ってもらえたら、こんな幸せはないのです。

本書で紹介する家事の工夫が、「カジニガテ」で悩む人の、肩の荷を下ろすひとつのきっかけになることを願っています。

ジャムもフルーツ

いちごやオレンジから作ったジャムは立派な果物。洗ったり皮をむく手間も省けます。毎日のことなので、続けられる方法を

CONTENTS

Chapter 3

掃除

「そこそこキレイ」の作り方をマスターすれば、快適空間は維持できます 52

Chapter 4

洗濯

干す、たたむ、しまう。工程を分解して「1日がかり」をなくします 74

Chapter 5

片づけ

Chapter 6

名もなき家事

Chapter 1

家事のしくみ

料理も掃除も洗濯も「面倒！」と思うたびに改善し、今のしくみができ上がりました。やることを減らし、効率化でさっさと終わらせ、得意な方法で点数を稼ぐ……。「やらされ家事」から「やれる家事」を目指しています。

家事のタスクを減らす

耳慣れない言葉ですが、タスクとは作業の最小単位のこと。たとえばご飯作りひとつをとっても、具材を切る、調味する、ラップに包むなど、たくさんのタスクがあります。

タスクひとつひとつの負担は小さいものの、数が増えると負担感が増して、「家事に追われている……！」と感じるもの。そうならないために、ついで・ながら・すき間家事を実践し、タスクを減らしています。

「ついで家事」は、同じ作業を一度にまとめてすませること。たとえば、夕食の準備で野菜を切るときに、翌朝のスープの分もすませてしまいます。すると、明日の家事を1タスク減らせます。できるときに家事を進めておけば、腰が重いときの助けにもなります。

「ながら家事」は、何かの作業と同時進行で家事を行うこと。歯磨きをしながら洗面台を磨いたり、体を洗いながら浴室の汚れを落としたり。毎日の習慣にうまく組み込めば、タスクをこなすための時間が不要になります。

空いた時間で小さなタスクをつぶすのが、「すき間家事」。家事や仕事の合間に、ネットバンクの振り込みや棚のほこり取りといった小さな家事を行います。後回しにしがちなものほど知らない間にタスクの数を積み上げてしまうので、こまめにつぶしておきます。

こうして家事のタスクを減らしていくと、気づいたらタスクの数が「まだこんなに」から「あとこれだけ！」に。気持ちが軽くなって、前向きな姿勢で家事に取り組めます。

ついで

キャベツは、今日の炒め物用と明日のスープ用に切り分けます。切る手間はもちろん、準備や後片づけなど、一度に複数のタスクを減らせます

ながら

食器を拭きながら、キッチンペーパーにのせた足を動かして床掃除。少々お行儀が悪いのですが、同時に2つのタスクをこなせます

すき間

幼稚園の送迎バスを待つ間に、スマホで振り込みを。空いた時間でタスクをこなせ、わざわざ時間を割かずにすむのは得した気分！

効率で時間を倍にする

家事は、できるだけ手短に、サクッと終わらせたいもの。効率化を図るには、家事を「いつやるか」というタイミングの見極めが重要になります。

たとえば私は、トイレ掃除をするのは、金曜日の入浴前と決めています。ここで大事なのは、曜日のみならず、「入浴前」とタイミングを決めること。手や服が汚れるのを気にせず、思いっきり掃除ができて短時間ですむ上、汚れてもお風呂に直行できるので、掃除後の後始末に手がかかりません。

他にも、冷蔵庫の掃除は、食品を食べつくし、庫内がスカスカになった「買い物前」と決めています。このタイミングなら、食品を取り出して元に戻す手間がいらないので、掃除にかかる時間が半分ですみます。さらに、在庫チェックで買い足し品を洗い出せば、2つのタスクを同時進行で処理できます。

こうした考え方は、以前システムエンジニアとして働いていたときに身についたもの。職場では定期的に「効率化検討会議」が開かれ、常に「最大の成果を上げるには、どのタイミングでの処理がいちばん早いか?」と模索していました。そのため、家事においても「ひとり効率化検討会議」を行う癖があり、日々改善を繰り返しているのです。

1日の時間は24時間と変えられません。効率化で家事にかかる時間を半分にし、時間あたりの処理率を上げることで、自由な時間を確保しています。

1日の時間割

6:30　起床、身支度

6:40　朝食準備

6:50　長女・長男起床、朝食

7:30　長女・長男登校、二男起床

7:45　二男と朝食

8:20　二男バス登園、玄関掃除(月曜日)、朝食後片づけ

8:30　洗濯物を取り込んで干す、掃除機かけ、郵便物整理、
コーヒータイム(フリーペーパーを読みながら)

9:00　仕事時間

16:00　二男バス降園、おやつ準備、長男帰宅

17:00　夕食準備

17:30　長女帰宅、学校プリント・宿題チェック、
洗濯物をたたんでしまう

18:30　習い事迎え

19:00　夕飯仕上げ・持ち帰りグッズを洗う

19:30　夕食

20:00　宿題チェック、夕食後片づけ・キッチンリセット

20:30　トイレ掃除(金曜日)、入浴(ついでに風呂掃除)

21:00　二男就寝、仕事をしながら子どもの勉強を見る

22:00　長女・長男就寝、歯磨きしながら洗面台掃除、洗濯予約、
翌日の麦茶や氷準備、朝食計画

23:00　自由時間

24:00　就寝

家事をピース化する

毎週土曜日は布団を干したり、毎月1回は窓の桟を拭いたり。家事をルーティン化していた頃もありましたが、長続きしませんでした。決まった日に家にいなければならないプレッシャーや、急用で家事をこなせなかった不完全燃焼感に、窮屈さを覚えたのです。

そこで、家事のスケジュールを固定化せず、自由に動ける方式に変えました。まず、食品の詰め替え作業に2分、洗濯物干しに15分など、ひとつひとつの家事にかかる時間を見積もり、頭の中に入れます。これが家事のピースです。一方で、1日の時間割をパズルに見立て、空いた時間にぴったり合う家事のピースを探して、カチッとはめ込んでいきます。

たとえば、子どもの習い事送迎まであと5分ある場合、「調理はムリだから、段ボールの梱包をすませよう」というふうに、今使える時間に合う家事ピースを選んで、ひとつの家事を片づけます。

家事のピース化のメリットは、自分の都合に合わせて、家事を片づけられる自由度の高さ。自分のタイミングで動けて、「動かされている感」がないので、家事が苦しくならないのです。それに、家事の時間を見積もることで、ダラダラ家事も防げます。

暮らしの主役は自分。家事に振り回されるより、自分で家事をコントロールしたい――。家事に暮らしを合わせるのではなく、暮らしに家事を寄せていけば、どんな変化にも柔軟に対応できるようになります。

段ボールの梱包

5分

段ボールを解体し、梱包フィルム
でまとめるのに5分。5分は予定
と予定の合間に確保しやすく、軽
度の家事をがんばれる時間

食品の詰め替え

2分

開封からごみ処理まで、要する時間は約2分。
2分なら、送迎バスの到着や湯が沸くまでな
ど、1日で頻繁に見つけられます

洗濯物干し

15分

干す時間は15分が上限値とわか
っているので、逆算して洗濯をス
タート。ピース化すれば、1日の
計画を立てやすくなります

季節用品の入れ替え

10分

布団をケースから出してベッドに
セット。10分あれば、寝具やカ
バーの取り替えなど、季節の変わ
り目にやる家事を片づけられます

家事はしかけで動く

　朝がくればお腹が空いて、子どもたちは待ってくれません。汚れた服を洗わないと、着ていくものがなくなって困ります。そんな、わかりやすいトリガー（きっかけ）があるから、苦手な料理や洗濯も何とか取り組めます。

　やっかいなのが、トリガーのない家事。掃除やスケジュールの管理、郵便物の整理など、今やらなくてもいい家事はつい自分を甘やかしてしまうもの。そこで、「いつか」はやらなければならない家事は、自分を動かすトリガーを用意しています。

　私にとって効果的なのはアラームで、仕事や学校、PTAなどの予定を登録し、家族のスケジュール管理に役立てています。呼び出してくれるので、鳴ったら行動に移すだけ。ずっと気にかけておく必要がありません。

　好きなものをトリガーにして動く作戦も有効。私の場合、好きなコーヒータイムを朝の掃除のあとに組み込み、ご褒美目当てで一気に終わらせるようにしています。コーヒーはすっきりと片づいたテーブルで味わいたいので、郵便物やチラシの整理もすませます。

　また、夜の10時から始まる深夜電力サービスもトリガーに。このタイミングで、洗濯や食洗機の予約のほか、スマホやコードレス掃除機など「いつか」やらなければならない家電の充電を一斉に行います。

　自分を動かすトリガーを準備して、家事を行うきっかけ作りを。背中を押してくれるしかけで、毎日の家事を乗りきっています。

Alarm

スマホのカレンダーアプリに入力した予定は、音とポップアップでお知らせ。アラーム音が、一瞬で家事モードに変えてくれます

Night time service

深夜電力サービスが始まる22時になったら、洗濯と食洗機の予約を開始。掃除機やスマホ、おもちゃの充電も行います

Coffee time

終わったらコーヒータイムが待っているという、目の前の人参作戦。「ひと息つく私」を想像すれば、家事の回転数が上がります

苦手な家事は得意なやり方で

私が、唯一得意だといえる家事は収納です。収納のことを考えるのは、ちっとも苦じゃありません。だから、苦手な家事は真正面から向き合うのではなく、収納の面から切り込んでいく。それが、私にとっての正攻法です。

苦手な料理は、料理の腕を磨くより、まずキッチンの収納を整えます。キッチンツールや調味料は、出し入れのしやすさを最優先に。調理の流れを止めず、気持ちを途切れさせない工夫をちりばめ、自分に「面倒くさい」という口実を与えません。

また、ランドリーは、洗濯かごやボトル、タオルを好みのデザインで揃え、見せる収納に。毎日通いたくなる場所なら、自然と足が向いて、洗濯が苦にならないと考えたのです。

さらに、棚やバーをDIYし、手に取りやすい配置や収納法にしました。

掃除もそう。ものが片づくしくみで、散らかってもすぐ元に戻せるので、掃除前の片づけが不要。掃除機もスイスイかけられて、掃除のハードルが確実に下がります。

じつは、収納は家事を回す土台作りに最適。なぜなら、家事の道具が出し入れしやすくなって、ものが散らからずスペースを確保できるので、作業がはかどるからです。

このような収納の助けがあって、苦手な家事の平均点はアップ！　自分が得意とするやり方を活かし、苦手意識を持たずに取り組むようにすれば、苦手な家事もちょっと楽しくなります。

料理は流れが止まるとやる気が萎えるので、
出し入れでモタつくのは命取り。トレイやフ
ァイルボックスで互いを干渉しないように

ボトルや洗濯かごを好みのデザインで統一し、
見せる収納に。「ずっと眺めていたい」とい
う気持ちが、ランドリーへと向かわせます

家事で育児をする

結婚して驚いたのは、夫がりんごの皮むきを上手なこと。夫は自営業の両親が忙しく働く姿を見て育ったため、何でも自分でやっていたからですが、対して私は家事の得意な母に甘えて、家事の手間を知らずに育ちました。

グリム童話『小人の靴屋』に、靴職人が朝起きたら靴が完成していたという話がありま す。寝ている間に小人が作ったのですが、家事もいつの間にか誰かがやってくれるのでは、かかる労力がわかりません。私自身結婚当初は家事ができずに苦労したので、子どもたちには家事の手間を体験させています。

たとえば、洗濯物は洗濯機に運び、乾いたらたたんでしまいます。食事の際は、料理を見て必要な食器やカトラリーを判断し、食器棚から用意します。床もトイレも、汚したら自分の手で後始末。キレイな服やおいしい料理、ピカピカの家は、誰かの手によって作られていることを忘れないでほしいのです。

家事の手間を体験させることは、育児にも役立ちます。自分のことは自分でできるようになり、「共生の力」も身につきます。私は子どもの成長に応じて、「できる人ができることをできる範囲で」と教えていますが、二男が洗濯物を上手にたためなかったら、長男がたたみ方を教えたり、ときには長女がお湯の沸かし方についてアドバイスしたり……。

人は、ひとりでは生きていけません。誰かを助け、誰かに頼るスキルがあれば、必ず社会の中で役立ちます。

洗濯物は必ず子どもと一緒にたたみます。会話が弾んで、学校での出来事をどんどん話してくれ、家事がコミュニケーションツールに

流行の家事に振り回されない

家事の達人が実践しているやり方は、真似したくなるもの。私もいろいろ飛びついてきましたが、成功と失敗を繰り返し、ようやく自分に合うやり方がわかってきました。

数年前に流行した「オキシクリーン漬け」で靴を洗っていましたが、洗浄力が発揮される湯温を保つのに苦労し、継続を断念。湯温を気にしない洗剤に替えてみたところ、面倒な靴洗いがとっかかりやすい家事になりました。これなら、子どもでも入浴時のお湯張りと同じやり方でできるので、自分で洗えます。

流行の「つくり置き」にも乗っかりました。労力をまとめてあとでラクしたい私には合っているな、と始めたのですが、これもリタイア。早めに消費しなければならない窮屈さを感じ、消費期限を気にせずにすむ「冷凍つくり置き」に落ち着きました。

流行の家事をうまく使いこなせないのは、本人が怠けているからではありません。自分の暮らし方と性格が、その家事にマッチしていないのです。

家事のやり方を決める際に大切なのは、それを続けられるか自分に問うてみること。方法や手順、道具や洗剤の管理、費用対効果……。**少しでも「面倒」と感じたら、それは暮らし方や性格に合っていない証拠です。**

流行の家事は多くの人に支持されるだけあって、効果が期待できます。でも、その家事に自分を合わせる必要はなく、自分に合う家事を選ぶから、続けられるのです。

靴洗いに定着したシャボン玉石けん。入浴や洗顔と変わらない湯温で効果を発揮するので、湯温の設定変更など前準備が不要

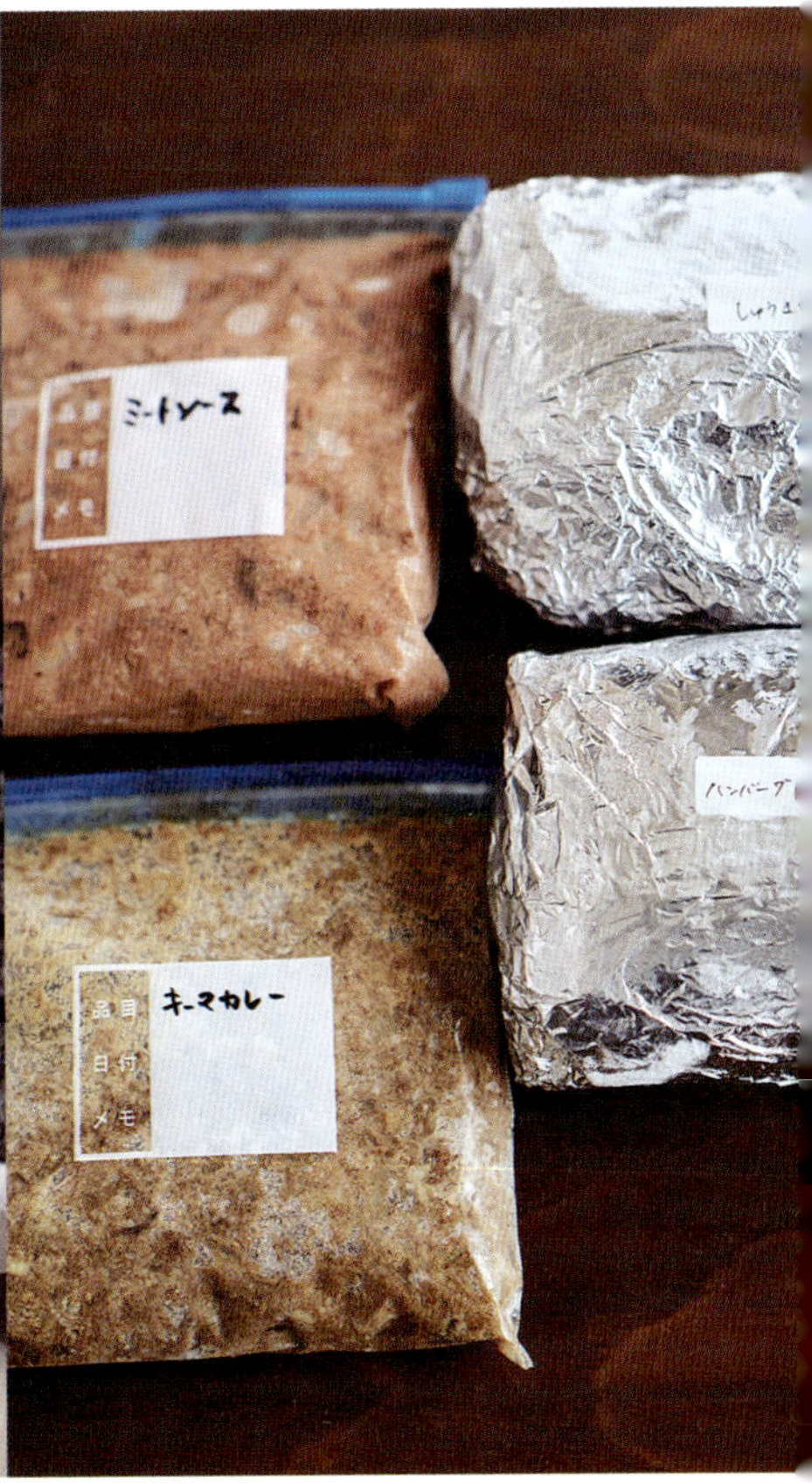

「つくり置き」は「早く食べなきゃ」と焦るので、冷凍にして消費期限を延長。予定や気分で選べるので、消費に追われないのも魅力です

Column

報酬ゼロの見返りを用意しよう

「金曜日は会社の歓迎会だから、晩ご飯はいらないからね！」。夫からそう予定を告げられて、心の中で「楽しみの時間があっていいなぁ」とモヤッとするのは、私だけじゃないはず……。

家事は仕事と違い、どんなにがんばっても給料はもちろん、歓迎会や忘年会といったご褒美がありません。誕生会やクリスマス、ひな祭りなど家族でイベントを楽しむ時間はありますが、準備や後片づけをするのは自分。料理が苦手な私は大変に思うときもあります。

家事にご褒美がないのなら自分で用意しよう！　と、夫が飲み会の日は好物のお菓子を食べる「おやつパーティー」を開催することに。子どもと一緒に好きなお菓子や飲み物を準備し、テレビの前にレジャーシートを広げて好きな番組やＤＶＤを観る。たったこれだけのことですが、みんな大はしゃぎ！　食器も紙皿や紙コップを使って、後片づけの手間をカット。せっかくの「お楽しみ時間」なので、後片づけという家事を残しません。

また、ちょっぴり夜更かしも。いつもなら「歯磨きは？」「寝る準備は？」と気にかけなければなりませんが、この日ばかりは無用。子育ての責任から解放されて、のびのびと楽しめます。「おやつパーティー」で子どもたちと楽しい時間を過ごすことで、家事と育児から自由になれるのです。

夫から飲み会の連絡が入れば、子どもたちと顔を見合わせてニヤリ。夫を気持ちよく送り出せて、私たちの「お楽しみ時間」も約束される。夫が家にいるときの話ですが、家族みんながハッピーになれます。

Chapter 2

料理

食べるのは好きですが、作るのは嫌い……。そこで、あらゆる知恵を結集し、家族の空腹と健康を守る方法を模索しました。冷凍による時間稼ぎと、やる気を削がない段取りで、日々の料理を乗りきっています。

「貯金」と「おまとめ」で、キッチンに張りつかなくても、子どもは育ちます

料理の「面倒」をぜーんぶまとめてすませておく

苦手な料理は、もっとも逃げ出したい家事のひとつ。一度作ればあとはマイナーチェンジですむ収納のしくみとは違って、「作っては消え、作っては消え」を繰り返すため、モチベーションを維持しづらいのです。そこで、あるときから毎日一から考えて作るのをやめました。買い物や下ごしらえ、献立作りなど、料理の前段階に関わる作業をまとめてすませておくのです。

買い物は月に一度、肉や魚、野菜の下ごしらえは帰宅後1時間で。スーパーに出かける手間、食材を選ぶ手間、包丁を握る手間、ラップやアルミ箔で包む手間、冷蔵庫を開閉する手間、トレイを洗って乾かす手間……。あらゆる面倒な手間を集約し、「1日だけ」と割りきって勢いでやっつける作戦です。下ごしらえの際には、親子丼や豚汁などいくつかの料理の材料を確保し、献立も決めてしまいます（献立予約、P29）。

事前にここまですませておくと、あとは料理を仕上げるだけ。何も考えずひたすらに鍋を振ればいいのです。料理嫌いにとって流れが止まるのは致命傷ですが、準備のおかげでスムーズに運び、調理時間もコンパクト。毎日の夕食準備でキッチンに立つのは30分程度なので、「作るの面倒！」と思わずにすみます。

まとめ買いした食材は、すべてカウンターに。1時間で下処理をすませて冷凍し、1か月は持つおかず貯金を作ります

冷凍のおかず貯金で、ひと月の安心と健康を確保

月に一度、まとめ買いした肉や魚、野菜は、帰宅後1時間で「冷凍おかずの素」(P36)に変身させます。カットをしたり、下ゆでしたり、下味をつけたり……。面倒な下ごしらえをすべてすませて、すぐに調理に入れるようにしておきます。冷凍すれば1か月は持つので、「冷凍おかずの素」はいわばおかず貯金、冷凍庫はおかずバンクのようなものです。

ほかに、キーマカレーやミートソースなども作って冷凍。こちらはレンチンですぐ食べられますし、アレンジがきいておかずのバリエーションが広がります。

おかず貯金は、未来の私を助けるための先行投資で、リスク管理にもつながります。たとえば、子どもが体調を崩したときや仕事が立て込んだときは、苦手な料理はますます面倒なものとして遠ざけてしまうもの。さらに、夫が単身赴任中であるわが家には、いざというときの家事代行者がいません。だからこそ、おかず貯金をたくさん持っておくことは、突発的に起こるアクシデントの備えにもなります。

おかず貯金があるおかげで、家族の体調やスケジュールの変化に慌てず、常に「安定した暮らし」を穏やかにキープさせることができます。

献立は家で考えるから悩む

「一週間の献立を決めてから買い物をする」ということを試してみましたが、私には続きませんでした。座ったままでは何の献立も降りてこないのです。

そこで、スーパーに行って食材を見ながら考える作戦に。これが私には合っていたようで、たとえば鮮魚コーナーのぶりを見たときは、「そういえば最近照り焼きを食べていないなぁ」と献立のヒントに。食材を見ることで食の記憶が呼び起こされ、食べたいものや食べるべきものが顕在化。**いつ食べたのか思い出せないようなら、メニューに取り入れても重なる心配はありません。**

この方法は、「最近お肉が続いたな」や「最後にひじきを食べたのはいつだっけ？」と食の記憶と照合されるため、じつは献立の偏り防止にもつながります。食べていないものは多めに補って、よく食べているものは気持ち減らす。食材を見ながら献立を考えると、栄養のバランスも取れて一石二鳥です。

献立予約で「考えない日」を作る

肉や魚を「それ用」に取り分け、ラベルをペタリ。たったそれだけで「何作ろう？」から解放され、「あれがある！」と心のゆとりに

わが家には、毎月必ず作る定番メニューが4～5つあります。親子丼、豚汁、キーマカレー、お好み焼きなどで、どれも栄養価が高く、家族全員が大好きなものばかり。

月1回のまとめ買いでは、これらの材料を購入し、帰宅後に優先的に取り分け、料理名を書いたシールを貼ってフリージングします。たとえばお好み焼きなら、豚バラ薄切り肉を2cm幅にカットしておくことで、作るつもり＝献立の予約をしてしまうのです。

また、うっかりほかのものに使うことも防げます。

献立はスーパーで食材を見ながら、2週間分をおおまかに考えるのですが、献立予約した料理をそのうちの4～5日分にカウント。私が仕事で忙しい日や子どもの習い事で食事時間が遅くなる日などに割り当てます。

献立が決まっていると慌てずにすんでラクですし、時間に追われて家族をせかすこともなし。献立予約は、私にとってお守りのような存在です。

スーパー通いを仕事にしない

買い物前の在庫確認や買い物後の食品保存……。買い物には、スーパーに行く以外にもさまざまな手間がかかります。これが毎日になると負担感が大きいので、まとめて買うのは月1回と決めています。

買い物前の冷蔵庫はスカスカなので、このタイミングで庫内の掃除をしています。ついでに在庫確認をすませるのですが、必要なものは食べきっているため、見当たらないものを買うだけ。リスト化する必要がありません。また、ストック品は食品と飲料を分けているので、残量が一目瞭然にわかります。

スーパーでは、肉や魚、野菜は冷凍できるものを意識して選び、まとめて購入。葉物野菜や乳製品などは、週1回、子どもの習い事の送迎ついでに買い足します。さらに、消費ペースの早いだしやお茶はネットで購入。定番品を決めておき、迷う時間を減らします。

すべての手間を最小限にし、買い物の負担を軽減。浮いた時間はほかのことに回します。

在庫確認は ついでにすます

買い物前の冷蔵庫が空っぽになったときに行う拭き掃除。庫内を見回しながら、何を補充すべきかチェックします。手と目の両方で、脳に記憶を定着

定番品を 決めておく

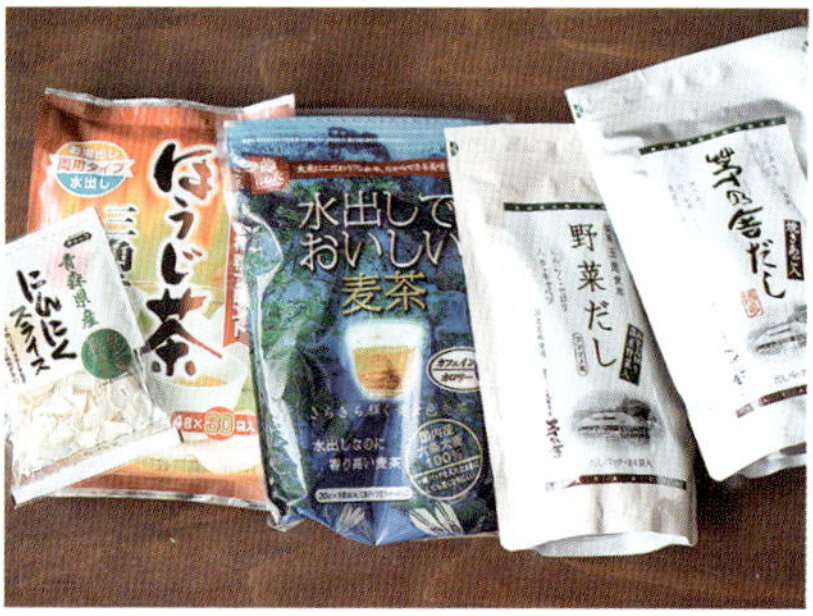

だしやお茶など使用頻度の高い食品は、暮らしや好みに合ったものを指名買いし、探す時間を省略。いつも同じ＝サイズが変わらないので、買い物後の収納もラク

ごみの日の 前日に行く

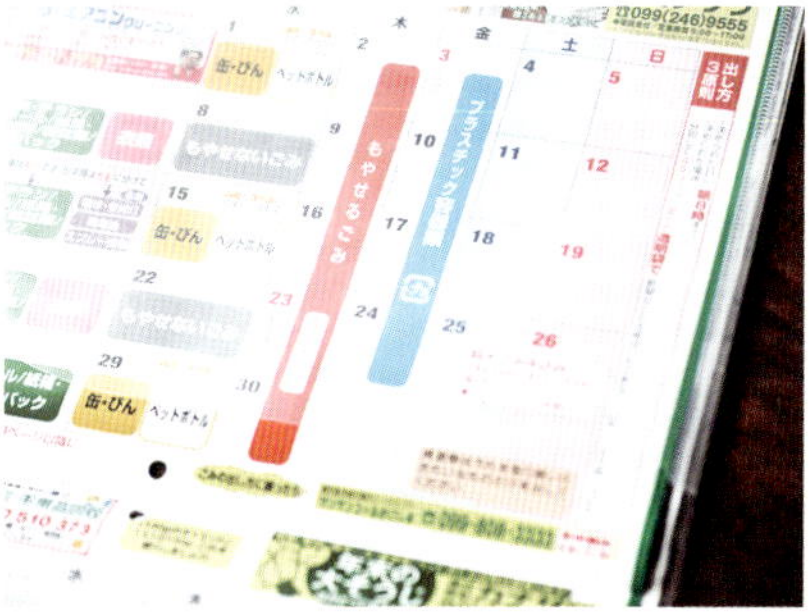

まとめ買い物後に行う下処理で、大量に出るラップやトレイ。家の中に長く留めておきたくないので、買い物はごみの日の前日に。気持ちもスペースもすっきり！

残量がひと目で わかる収納

一緒に収納しがちな食品と飲料は、それぞれの残量を瞬時に把握するため、別々のボックスに収納。ボックスなら引き出して上から見渡せるので、チェックもあっという間！

冷凍おかずの素、冷凍つくり置き(キーマカレー、ミートソース、焼売・ハンバーグのタネ)、献立予約など約20品を１時間で準備

毎回の下処理を1日1時間で終わらせる

トレイから出したり、分けて包んだり。買ったものを冷蔵庫に入れるついでに、調理を一歩進め、下処理をすませます。

カットや下味をつける冷凍おかずの素（P36）と冷凍つくり置き（P38）を同時進行。全体の流れを考えて進めます。

1 料理のトッピングに使うしらすや刻み揚げを開封し、保存袋に入れる

2 焼売用の干し椎茸を戻し、つくり置きやおかずの素になる玉ねぎをカット

3 ハンバーグ用の玉ねぎにバターを加えてレンチンし、パン粉を牛乳に浸す

4 にんじんを切り分け、おかずの素に。トッピング用のにらと大葉も下処理

5 おかずの素にするマッシュポテトを作る。じゃがいもを切ってレンチン

6 2の玉ねぎとひき肉を炒め、キーマカレーとミートソースを作る

7 アルミ箔にラップを重ねた上で、献立予約に使う豚肉をはさみでカット

8 冷凍庫の常連、豚こま切れ肉を1回分ずつ分け、手づかみでラップの上に

9 鶏もも肉をひと口大に切り、おかずの素に。幅広いメニューに使えて重宝

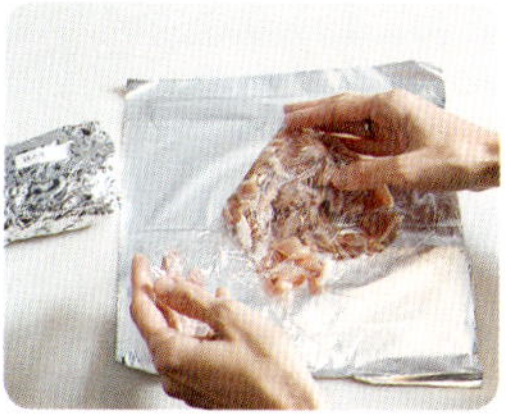

10 親子丼用の鶏こま切れ肉を献立予約。同時に1回分ずつ分けておく

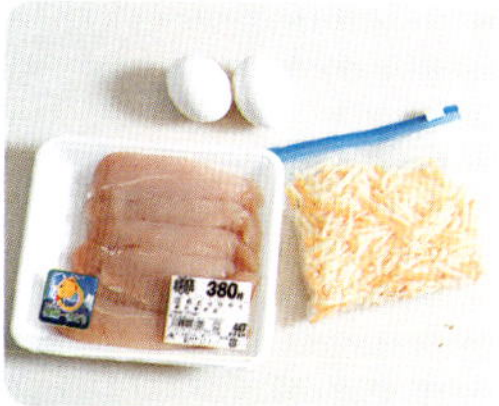

11 おかずの素にするピカタの下味つけ。材料の鶏ささみ、チーズ、卵を準備

12 11の鶏ささみをカットし、ポリ袋に材料を入れて、手でもみ込む

13 切り身魚はおかずの素に欠かせない食材。トレイの上でさっと切り込みを

14 ハンバーグを作る。3とその他の材料を混ぜて成形し、今日の分を焼く

15 焼売のタネを作る。2の椎茸と玉ねぎ、その他の材料を混ぜて、冷凍保存

16 キーマカレーとミートソースの半量を冷凍。残りは明日明後日の夕食に

フリージングで「使わなきゃ」と焦らない

月1回まとめて買った肉や魚は、新鮮なうちに加工してフリージングします。冷凍することで、使用期限が延び、「いたむから早く使わなきゃ」というプレッシャーから解放されます。

フリージングにはおもに3種類あり、冷凍おかずの素（P36）、冷凍つくり置き（P38）、献立予約（P29）。冷凍おかずの素はカットや下ゆで、下味をすませた半調理品、冷凍つくり置きはつくり置きの冷凍版、献立予約は月に一度は食べる料理の材料を先取りしたものです。

3種類用意しておくことで、その日のやる気に合ったものが選べ、「作るの面倒！」というハードルを越えられます。

おかず貯金で1か月保険

月1買い物後の冷凍庫。おかずの素、つくり置き、献立予約の材料は、上からひと目で見渡せるよう、立てて収納。下段にはねぎなどのトッピングを

破ってスピーディー

下味をつけた冷凍おかずの素は、ポリ袋を使って冷凍します。すると、天板やフライパンで焼くときに、ビリッと破いて中身を押し出せばＯＫ。すぐに調理を開始できます

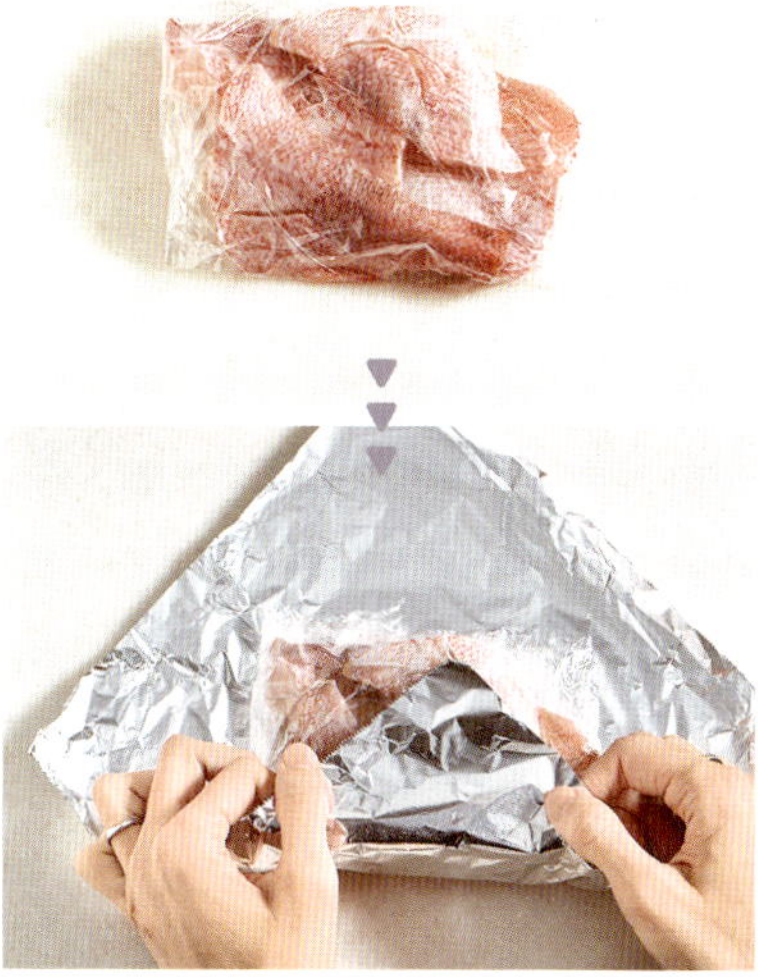

２重巻きで長持ち

冷凍時の小さな工夫で、肉や魚が１か月はおいしく食べられます。ラップにコンパクトにまとめ、ぴっちりと覆ったら、アルミ箔で包むだけ。冷凍焼けを防げます

ペンとシールをスタンバイ

冷蔵庫にペンケースを張りつけ、冷凍つくり置きや冷凍おかずの素のラベリングに必要なペンとシールを収納。すぐ手に取れて、作業を後回しにしません。ペンはノック式を

＼カット済み／＼調味いらず／

冷凍おかずの素

冷凍おかずの素があれば、すぐ調理にかかれて、気持ちの負担が軽くなります。カット、下ゆで、下味をすませてフリージング。

切る・ゆでる

マッシュポテト

つけ合わせやグラタンなど、料理のボリュームUPに。鍋でゆでないので洗い物もなし

野菜

玉ねぎやにんじんなど、万能野菜を。スープや炒め物に使えて、火通りがスピーディー

鶏もも肉

ひと口大なら、身が縮んでも食べ応えのある一品に。トマト煮や照り焼き、唐揚げなど

豚バラ薄切り肉

豚汁やお好み焼きに向く2㎝幅に。アルミ箔+ラップの上でカットすれば、まな板不要

魚の切り身

皮に×の飾り包丁を入れて冷凍。解凍後、すぐに調理にかかれます。赤魚やぶりなど

トッピングも冷凍

卵焼きや和え物のちょい足しに使えるねぎやしらす、チーズは、ジッパーつきの保存袋に。カット済みを選べば切る手間を省けます。凍るとパラパラと扱いやすくて便利

下味をつける

〈鶏ささみ〉

ピカタ

そぎ切りにした鶏肉を塩、こしょう、小麦粉、溶き卵、チーズと合わせて冷凍し、解凍後にフライパンで焼きます

フライ

そぎ切りにした鶏肉を塩、こしょう、にんにく(チューブ)と合わせて冷凍し、解凍後に衣をつけて揚げ油で揚げます

〈豚こま切れ肉〉

しょうが焼き

豚肉をしょうゆ、みりん、はちみつ、酒、しょうが(チューブ)と合わせて冷凍し、解凍後にフライパンで焼きます

〈鶏手羽肉〉

オーブン焼き

鶏肉をしょうゆ、砂糖、ケチャップ、酒、しょうが・にんにく(チューブ)と合わせて冷凍し、オーブンで焼きます

冷凍つくり置きで「なーんかある」安心感

つくり置きは「早く食べなきゃ！」と気持ちが焦るので、冷凍版のつくり置きを考えました。

いずれも事前に準備しておくという点では同じおかず貯金ですが、両者の違いは貯金の引き落とし期限。つくり置きは2〜3日で食べきらなければならないのに対し、冷凍つくり置きは1か月ほどおいしく食べられます。

また、無理して食べる必要がないので、その日の気分や予定に合った献立にできるのも魅力。消費に追われることがないため、毎日の食事を窮屈にしません。

私がよく作る冷凍つくり置きは、ハンバーグ、ミートソース、キーマカレー、焼売の4つ。これにはワケがあり、材料がほぼ同じ上に、作る手間をまとめられて、準備が簡単にすみます。

どれも10分もあれば仕上がるので、腹ペコの子どもたちを待たせなくてOK。冷凍つくり置きの存在は、日々の安心感につながっています。

ほぼ同じ材料で作れる

4つとも

冷凍つくり置きの定番は、ハンバーグ、ミートソース、キーマカレー、焼売。いずれもひき肉と玉ねぎで作れるので、あれこれ買い揃える手間がいりません。ごみ処理もラクチン

ひき肉と玉ねぎが主役

手間をまとめられる

玉ねぎは4品ともみじん切りでＯＫ。あらかじめ次の工程で使う鍋やフライパン、耐熱容器、ボウルを準備し、切った玉ねぎを入れ分けていきます。すると、すぐ取りかかれて時短！

まとめて切って

別々の容器に投入！

キーマカレーで3品

どんな食材とも相性がいいキーマカレーは、展開力抜群の万能おかず。炒め物やドリアなど、3つの料理にリメイクします

カレードリア

ご飯、キーマカレー、チーズの順にのせ、卵を割り入れてトースターで約15分加熱

じゃがいもとブロッコリーのカレー炒め

じゃがいもとブロッコリーを炒め、キーマカレーを加えて炒め合わせるだけ。調味なしでＯＫ

ポテトのカレーオーブン焼き

マッシュポテト、キーマカレー、チーズ、プチトマトの順にのせ、トースターで約10分加熱

レパートリーの数より展開力！

料理が嫌いなので、いつまでたってもレパートリーが増えません。とはいえ365日食卓を回していかなければならないため、一品を3品に増やす展開力を身につけました。

展開力を鍛えるには、外食時や雑誌の料理特集を読むときがチャンス。レシピでは作り方よりも味つけや食材の相性をチェックし、「炒めてもおいしいかも」「他の食材でも代用できそう」「あの食材と組み合わせよう」と、別の料理に展開した姿をイメージします。

その代表例が写真のキーマカレー。卵やチーズ、じゃがいもはカレー味と好相性だとわかっていたので、試してみたらおいしくって。卵とご飯にのせてドリアにしたり、マッシュポテトとオーブンで焼いたりと、まったく違う料理として食卓に登場させています。

「一粒で3度おいしい」を覚えた今は、「レパートリーを増やさなきゃ」の呪縛からも解放。ひと月で一から作らなくてもいい日が3回もあるのは、幸せなことです。

ワンプレートで5分朝食

朝は手をかけずにきちんと食べさせたい……。そんなわがままも便利ツールとトースターで叶います。ひと皿で完結させてあとをラクに。

1 卵を調味する

ボウルに人数分の卵を割り入れ、しょうゆ、砂糖、ピザ用のとろけるチーズを加えて混ぜる

フライパン代わりに。デュアルプラスオーブントースター目玉焼きプレート／高木金属工業

2 トースターで卵を焼く

油をひいた卵焼き器に1のひとり分を流し入れ、ウインナーをのせてトースターへ。約5分加熱

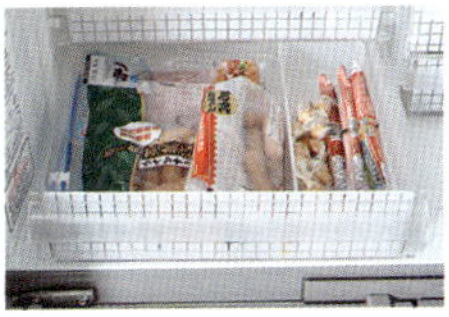

冷蔵庫には、ウインナーやチーズなど、朝食に使う食材の指定席を。さっと取り出せます

3 器に野菜とヨーグルトを盛る

ヨーグルトを準備し、事前にカットしておいた野菜を盛る。残りもののポテトサラダも添えて

4 トースターにパンを追加

3分経ったら、トースターにパンを加えてさらに焼く。その間にカトラリーや飲み物を準備する

5 卵とパンをのせて完成！

卵とパンが焼けたら、取り出して器へ。栄養面、彩り、スピードと3拍子揃った朝食のでき上がり

＼料理嫌いでも／

おかず

どんなときでも絶対に失敗しない50点なおかずをご紹介。冷凍おかずの素やトッピングを使えば、家族を待たせません！

餃子の皮を使って軽い食感に

マフィン型キッシュ

1.冷凍した玉ねぎを電子レンジで解凍し、ウインナー、ブロッコリーは小さくカットする。コーンは汁けをきっておく。
2.玉ねぎにバターを加え、電子レンジで透き通るまで加熱する。
3.キッシュ液を作る。生クリームに卵とピザ用チーズを入れてよく混ぜる(マフィン型12個で生クリーム100cc、卵２個、ピザ用チーズ30ｇ)。
4.マフィン型に餃子の皮をセットし、具材とキッシュ液を入れて、トースターで加熱する(マフィン型12個で約20分)。

パンチのきいたスタミナおかず

豚バラとにらのにんにく炒め

1.冷凍した豚バラ肉を電子レンジで解凍する。
2.フライパンにごま油とチューブのにんにくを熱し、香りが立つまで炒める。
3.豚バラ肉を入れて炒め、色が変わったら中華だし・しょうゆ・みりんを１対１対１の割合で加え、味をからめる。
4.冷凍したカット済みのにらを加え、手早く炒め合わせる。

1.冷凍した豚こま切れ肉を電子レンジで解凍し、塩、こしょうをふる。
2.片栗粉に青のりを混ぜて衣を作り、広げた豚こま切れ肉全体にまぶす。
3.フライパンに多めの油を入れて熱し、豚こま切れ肉を広げて入れ、揚げ焼きにして中までしっかり火を通す。

サクサクした歯ごたえがアクセント

豚こまの揚げ焼き のり風味

\ 疲れていても / \ 時間がなくても /

簡単すぎて 失敗知らず 50点

トマトとポン酢の酸味が際立つ

豚こまトマポン

1.冷凍した豚こま切れ肉を電子レンジで解凍する。トマトは食べやすい大きさにカット。
2.フライパンにサラダ油を熱し、豚こま切れ肉を入れて炒める。肉の色が変わったら、ポン酢を回しかけて炒め、味をなじませる。
3.トマトと白ごまを加えて炒め合わせ、塩、こしょうをふる。
4.器に盛り、冷凍したねぎを散らす。

しそが爽やかな和風こくうま味

鮭の包み焼き みそマヨソース

1.冷凍した鮭の切り身を電子レンジで解凍する。
2.ソースを作る。みそ・マヨネーズ・みりんを2対2対1の割合で合わせ、冷凍した青じそを手で握ってパラパラにして加え、混ぜる。
3.鮭の切り身をオーブンシートにのせ、ソースを塗って包む。
4.3をトースターで焼き(鮭4切れで約15分)、レモンを添える。

1.冷凍した鶏ささみを電子レンジで解凍し、食べやすい大きさのそぎ切りにする。白菜は1cm幅にカット。
2.せいろに白菜を敷きつめ、上に鶏ささみをのせて塩をふる。
3.ふたをして蒸し(鶏ささみ4本で約15分)、白ごまをふり、ごまだれやポン酢をつけていただく。

野菜の甘味と肉の旨みのハーモニー

鶏ささみと白菜のせいろ蒸し

作る手間をまとめる

キッチンに立つときは、1秒でも早く退散できるよう、知恵を絞ります。試行錯誤の末にたどり着いたのは、「手間をまとめる」という方法。

野菜をカットするときは、今日使う分だけでなく、明日、明後日……と、常に2つ以上の料理を先読みし、切り分けます。野菜ひとつで、カットはもちろん、冷蔵庫から出す→洗って皮をむく→残りを冷蔵庫に戻すなど、あらゆる手間をまとめられ、時間が大幅に短縮。また、煮物は2回分、汁物は2日分まとめて作り、調理の手間を1回で終わらせます。このように、作る手間をまとめて「作らなくてもいい日」を捻出すると、気持ちに余裕が生まれます。

さらに、道具を洗う、コンロを拭く、生ごみの処理をするなど、後片づけの手間もまとめられて、水や洗剤の節約につながるというメリットも。

苦手なことは、手間をまとめて時間と気持ちの余白を持つ。すると、忙しい日でも通常運転で乗りきれます。

野菜カットは2食分

にんじんは、今日の煮物用を切るついでに、いつかのみそ汁用もカット。「何かに使える」ではなく「これに使う」と想定することで、無駄になりません。保存袋に入れて冷凍

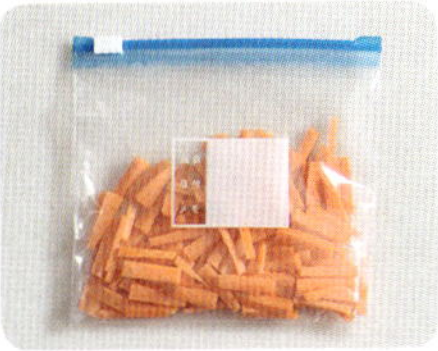

冷凍保存

煮物は2回分

きんぴらごぼうやひじき煮などの煮物は、大きめの鍋で一度に2食分作ります。半量は保存容器に入れて冷凍し、副菜１品を献立予約。家族が忘れた頃を見計らって食卓へ

半量冷凍

汁物は2日分

だしをとったり、具材を刻んだり。毎日作るのが面倒なみそ汁は、２日分まとめて作り、週の半分は作らない日に。夏でも安心して食べられるよう、冷蔵庫に専用スペースを確保

保存スペースあり

テレビ番組の3分クッキングに登場している人たちは、いつも楽しそう！　料理嫌いの私には不思議でしたが、あるときその理由に気づいたのです。「あらかじめ必要なものをすべて準備しておけば、段取りよく進んで楽しいんだ」と。

以来、調理前に必要な食材や道具を洗い出し、作業台やカウンターに並べておくように。その際大切なのは、調理の流れを頭の中でシミュレーションしながらピックアップすること。たとえばボウルなら、サラダ用にカットしたトマトを入れ、皿に移したらこんどはニラと卵を入れて混ぜるなど、どう使い回していくかを想定して選びます。すると、効率よく動け、道具の数も最小限ですんで、洗い物の手間までカットできます。

事前に準備しておけば、あとはイメージ通りに調理を進めるだけ。冷蔵庫やキャビネットの開閉で作業を中断されず、やる気が持続するので、楽しく調理できます。

段取りは3分クッキングを真似る

収納やケースの工夫で流れを止めない

開閉にモタつく、ごそごそと探す……。手が止まると料理のやる気が萎えるので、収納の力を発揮させて、調味料や道具の出し入れをスムーズにしています。

調味料はワンタッチで開閉できる容器を選び、片手ですむように。ツールは仕切りつきケースに入れた「個室収納」が、パッと見つかって、出すときに絡みません。鍋は立てて収納することで、ラクな姿勢で取り出せます。**収納の工夫で、料理のやる気の糸が切れず、ゴールにたどり着くことができるのです。**

袋入りのごまなどは、口の開閉に両手が必要でモタつきの原因に。ワンタッチ式の容器にすれば、片手で振り入れられてスピーディー

仕切りつきケースを使って、ツールを種類別に分けて収納。かき分けて探す必要がないので、見つけやすく、パッと手に取れます

コンロの下にファイルボックスを並べて、鍋やフライパンを立てて収納。柄を上向きに入れれば、かがまずに取り出せます

冷蔵庫を整えると、料理がちょっと好きになる！

冷蔵庫を制するものはキッチンを制する――。面倒くさがり屋の私でも、冷蔵庫の管理だけは怠りません。

食品の住所を決めておけば、すぐ見つかって出し入れがあっという間。料理の流れを止めず、作業に集中できます。また、中身をきちんと把握できるので、食べ逃しがなく、腐らせることもゼロ。買い過ぎも防げます。整った冷蔵庫は美しく、見るたびに嬉しくなります。

使いやすくて無駄がなくてキレイ！　3拍子揃った冷蔵庫は、私の料理のやる気を確実に上げてくれます。

冷蔵室

常備品を収納する「固定ゾーン」と、自由に使える「変動ゾーン」の2つに分けて管理。「固定ゾーン」はさらに細かく分類しています。余白を保ち、食品が循環しやすい配置に。

引き出す収納

夫専用のビールや使用頻度の低い製菓材料は最上段へ。奥まで使えるようトレイを活用

固定ゾーン

上下のスペースを、常に置いておきたいものの指定席に。みそや梅干し、乳製品など

変動ゾーン

視線が届きやすい中段には、指定席を確保しづらい残り物や、鍋ごと保存する汁物などを

朝食食材

ハムやチーズなど、毎日の朝食に使うものを集結。パッと取り出せて、在庫管理もラク

小袋指定席

優先して使いたい調味料やジャムなどの小袋は、指定席を用意。卵と一緒なら毎日目に入ります

崩れやすいもの

袋入りのちくわや水煮大豆など、自立しづらく重ねて収納しがちなもの。引き出しなら、ほかの食材に埋もれる心配なし

期限切れ間近

半端野菜や消費期限が迫っているものは、まとめてボックスへ。優先的に使います

ドアポケット

深さのあるポケットは、見えづらく倒れやすい危険なスペース。小物を使った迷子対策で、死蔵品を防ぎます。右にレギュラー調味料、左に準レギュラー調味料と飲料を収納。

サイズばらばらの調味料は、詰め替えてスペースを固定

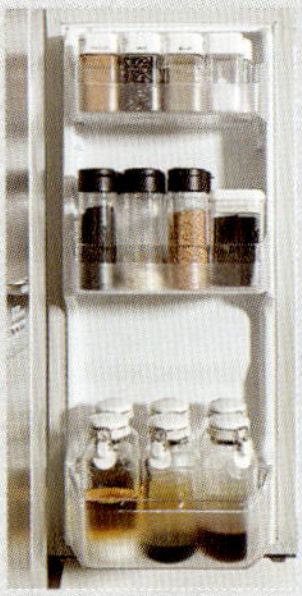

しょうゆからごままで、調味料や乾物は詰め替え制に。メーカーや容量が変わっても、詰め替え容器ならスペースが一定で、収納の見直しが不要です

ピンチフック に使いかけ

目につく場所に、開封済みの削り節やふりかけを。挟んで吊るせるピンチフックを利用

ポケットで 迷子防止

迷子になりやすいスパイスの小瓶は、ドアポケットに引っかけたホルダーを指定席に

野菜室

季節によって収納するものが変わる野菜室は、スペースの固定が難しいもの。ケースで細かく分けず、大きな空間のまま使えば、どんな形や大きさの野菜でも柔軟に対応できます。

半端野菜で１品！

期限切れ間近ボックス(P49)に野菜が溜まってきたら、豚肉とせいろ蒸しにして一斉処分

使いかけの野菜は、ラップやポリ袋を使わず、スーパーの袋のまま保存。特殊な加工で鮮度が長持ちします

防曇袋《ボードン》のままで鮮度キープ

野菜を入れた袋は、口を折り返して、取り出しやすく。量が減ったらさらにひと折りし、高さを調整します

口を折り返して 取りやすく

Chapter 3

掃除

掃除は「毎日少しずつ」を手放して、気持ちの焦りをなくします。確実に汚れを落とす手段を身につけ、「溜めても安心」を心の保険に。収納の工夫で、掃除をラクにする方法もご紹介します。

「そこそこキレイ」の作り方をマスターすれば、快適空間は維持できます

掃除はすぐ始めない。汚れの正体をつかむのが先

子どもが3人いると掃除をしてもまたすぐに同じ場所が汚れて、いたちごっこです。1日中掃除に追われたくないので、最小限の労力で「そこそこキレイ」を目指しています。

そもそも掃除の目的は、家族が快適に過ごす場所を作ること。私の場合は、いつも目に入るところが「そこそこキレイ」であればくつろげます。そう考えたとき、「四六時中、家の隅々まで、ピカピカでなくたっていいんだ！」と開き直れ、気持ちがラクになりました。

掃除で1日を追われないために、私がやっていることはひとつ。汚れた場所をピンポイントで掃除し、あとはやらないことです。

そのためには、汚れを観察することから始めます。いきなり掃除を始めてはいけません！　まずは、汚れる場所を突き止めます。たとえば手垢なら、子どもの手が汚れている帰宅後や食後などに、どこに触れているかを観察。すると、汚れる＝掃除する場所が判明します。

また、汚れの弱点を知ることも大事です。手垢汚れに困っていたら、「手垢　洗剤」で検索し、洗剤の性質を調べます。汚れに合った洗剤を見つければ、確実に汚れを落とせるという安心感が生まれ、「毎日少しずつ」「汚れを溜めるのは悪！」という呪縛から解放されます。何より、「忙しくても掃除しなくちゃ」という焦りに支配されなくなります。

玄関を入ってすぐ目に入る光景。食事や勉強で汚れやすいダイニングテーブルは優先的に掃除し、キレイを死守しています

「ていねい」は逆効果。苦手な家事は短時間勝負

たとえば、床や壁の鉛筆汚れだったら、キッチンペーパーにセスキ炭酸ソーダの薄め液を吹きかけて、よく汚れる場所だけをさっとぬぐい取ります。所要時間はほんの3分で、これくらいなら掃除に追われている感覚はありません。

大事なのは全体を拭こうとしないこと。汚れていない場所まで拭いて、時間や労力をかけるのは逆効果です。苦手なことにダラダラと時間をかけると、ますます苦手になってしまうもの。逆に、効率を意識して取り組むことで、苦手意識を減らせます。

掃除を効率よく進めるには、収納もポイントです。すぐ掃除にかかれるよう、床置きのものを極力減らします。また掃除道具は汚れる場所の近くに収納するのが理想的。たとえば、アルコールスプレーをキッチンの引き出しの取手にかけて、「わざわざ取りに行く」という心理的な負担を取り除きます。

汚れを知って対策を練る――。「汚れはいつでもすぐに落とせる!」という確信を持てば、汚れに敏感になりすぎず、掃除に追われることもありません。

汚れた場所だけを掃除するピンポイント作戦で、時間をかけなくても「そこそこキレイ」は叶います。

家の7割の汚れを100%落とす

子どもが無意識に触るのは、ちょうど90cmの高さ。手垢を確実に落とせる方法を知っていれば、汚れても平常心でいられます

汚れた場所をピンポイントに落とす掃除では、家の汚れを洗い出すことから始めます。

小学生がふたり、幼稚園児がひとりいるわが家の場合は、手垢、カビ、雑菌が3大汚れ。子どもが汚れた手を壁や椅子になすりつけて、手垢がべったり。また、入浴時に石けんやシャンプーを流しきれず、石けんカスが残ってカビが……。雑菌はおもに食品を扱うキッチンで発生しますが、目に見えない分、いつの間にか汚れが拡大してしまいます。

汚れが判明したら、3つの汚れに対抗できる洗剤をネットでリサーチ。メーカーサイトで洗剤の液性を確認し、確実に汚れを落とす方法を把握します。たとえば酸性の手垢にはアルカリ性の洗剤が有効なので、セスキ炭酸ソーダを。そして、購入後は容器に詰め替えて、いつでもすぐ使えるようにしておきます。

全部をほどほどに落とすのではなく、7割を確実に落とす。この方法なら、時間も手間もかからないため、「毎日掃除」を手放せます。

わが家の汚れ ベスト3

1 手垢・鉛筆

子どもは汚れた手で触るため、白い椅子や壁にベタベタした手垢が目立ちます。また、リビング学習でテーブル下に鉛筆を落とすので、床のところどころに黒く擦れた跡が

セスキ炭酸ソーダなら、手の脂や鉛筆の油を落としてくれます。薄め液をスプレーし、ウェス拭き

2 カビ

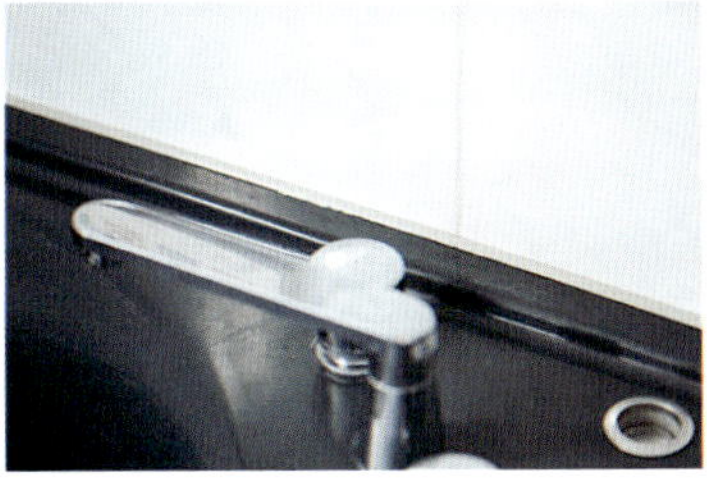

浴室のコーキングや四隅などふだんの掃除で行き届かない場所は、油断すると黒い点が出現。また、子どもの入浴後は、石けんやシャンプーの流し残しがあってカビの素に

カビに強い塩素系の漂白剤を採用。泡タイプを選び、汚れに直接吹きかけます。キッチンでも併用

3 雑菌

キッチンの作業台やシンクには、拭き残しで発生した雑菌が……。冷蔵庫で子どもがうっかりこぼす食品汚れも気になります。目で確認できないため、汚れの拡大が心配

アルコール成分が77%と高く、除菌力が大。原料は醸造用アルコールなので、食品についても安心

ふだん使いはこの洗剤

食器や掃除、洗濯に愛用しているのが『緑の魔女』（ミマスクリーンケア株式会社）。洗浄力はもちろん、汚れの付着を防いでくれ、排水溝のヌメリが減ったのを実感！

手すり、スイッチ……。よく汚れるところを制すれば、手軽に「そこそこキレイ」は作れます。そして、その場所をわかっているのが、汚した本人。
わが家は「汚した人が落とす」のがルールなので、汚した人に「いつも触る場所を拭いてね」と指示を出すだけ。170cmの私が汚れを探しながら拭くより、120cmの子どもがいつも触れるところを拭くほうが、ピンポイントで掃除ができて効率的です。

また、つい触ってしまう場所は、同時に掃除がしやすい場所。無理なく届くため、ラクな姿勢で掃除ができ、力もそれほど必要としません。実際に長男が壁を拭く様子を見ていると、軽く触れるだけで汚れがするりと落ち、大人がやるより遥かにスムーズ。

汚した本人が汚した場所を掃除する方法は、案外理に適っているのかもしれません。

局所拭きで全部拭かない

壁90cm

子どもたちが移動しながら触る場所ナンバー1。白いクロスに黒ずんだ手垢が目立ちます。掃除道具を片手に、いつも通り触るだけでキレイに

手すり

外遊びから帰ったあと、うっかり手を洗わずに階段を駆け上がることも。セスキ炭酸ソーダの薄め液をスプレーし、ウェスで拭きます

椅子の背

リビング学習のわが家では、鉛筆で汚れた手で椅子を触りがち。汚れを落として真っ白にすれば、ダイニングがピカピカに光って見えます

スイッチ

1日何回も触るスイッチプレートは、手垢で汚れやすい箇所。同時に目につきやすいので、率先して拭きます。手間が少ない割に効果は大

ほこり溜まりを作らない工夫

Before
ダイニング脇の壁。以前はフレームに入れたポスターをいくつも飾っていましたが、ＤＩＹでタイル柄のクロスにチェンジ

発想の転換と収納の工夫で、ほこりが溜まるのを防ぎ、掃除を回避しています。

たとえば壁にポスターを飾ると、フレームにほこりが溜まって、掃除が必要になります。そこで、フレームを撤去し、壁をお気に入りの柄クロスで飾って、壁自体をディスプレイ。インテリアを諦めることなく、掃除を手放せます。

また、床をコードがはうと、ほこりの温床になりかねません。テレビやオーディオのコードは、テレビボードに取りつけたワイヤネットに引っかけ収納。溜まる原因を取り除いて、掃除自体を減らします。

コードはネットに空中収納

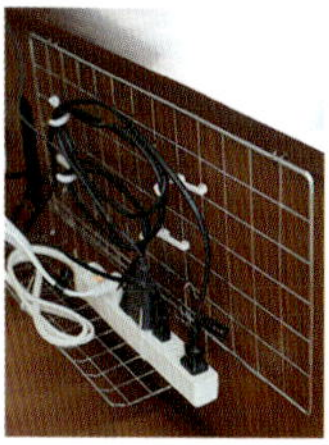

ほこりが集まりやすいテレビボードの下は、コードを浮かして掃除機をかけやすく。電源タップごと、ワイヤネットに結束バンドで固定

脱衣所に落ちた髪の毛や洗濯クズほど、やっかいな掃除はありません。風呂上がりに落ちた水滴が原因で床に張りつき、取るのにひと苦労するからです。

そこでわが家では、長男が小学校に上がった頃、脱衣所でバスマットを使うのをやめました。浴室で髪や体をしっかり拭いてから出る、というスタイルに切り替えたのです。

すると、床が水滴で濡れず、髪の毛も落ちないため、脱衣所の汚れが格段に減りました。同時に、バスマットという管理対象をひとつ減らすことにも成功。乾かすスペースが不要なだけでなく、洗濯や収納、買い替えの手間まで手放せました。

バスマットがなくなった今、脱衣所に置いた掃除機をパッと手に取り、床を軽くすべらせるだけでキレイに。掃除のじゃまになることもないので、気づいたときにすぐ汚れを取り除けます。

バスマットをなくせば
床が汚れない

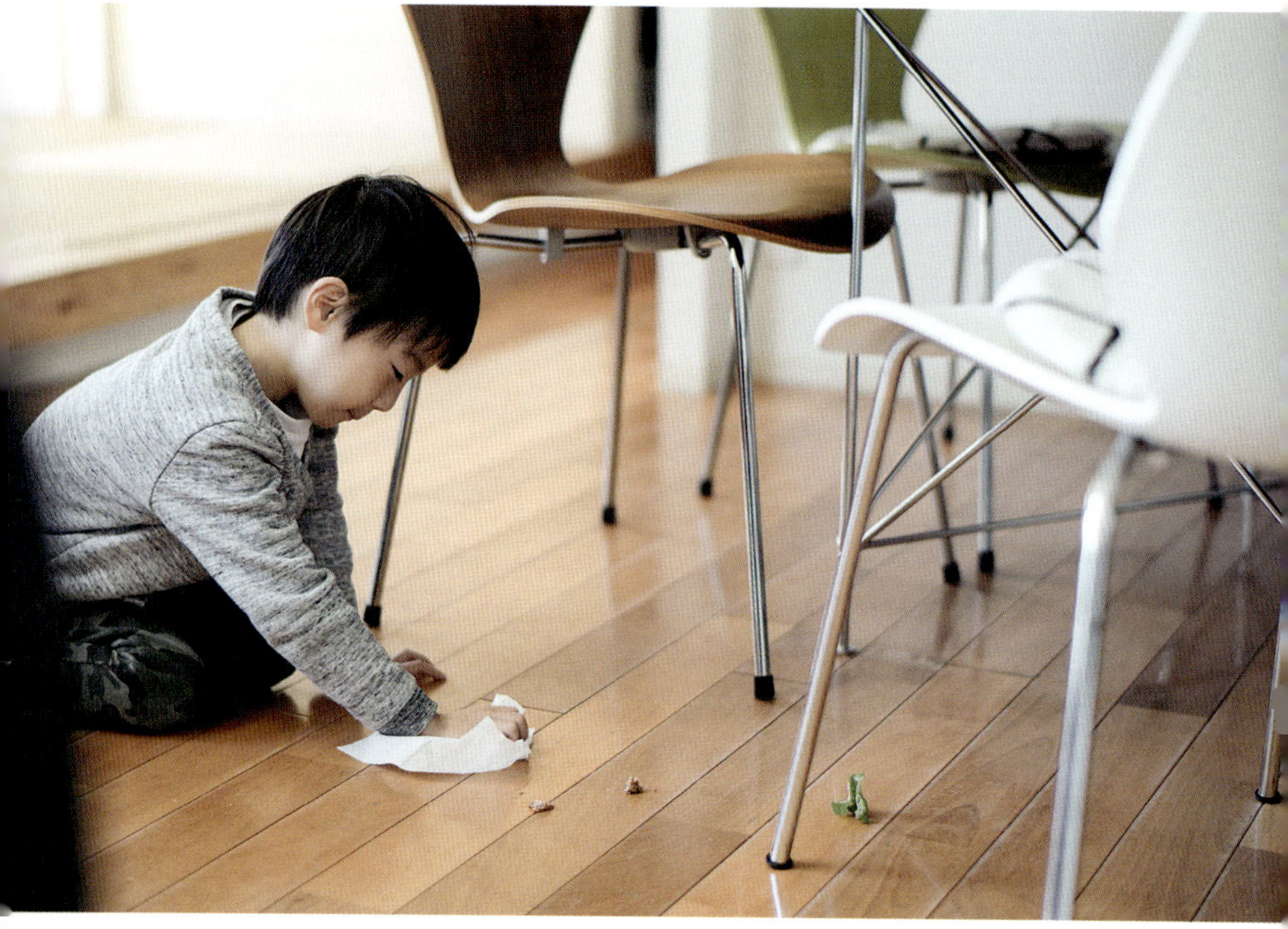

食べこぼしは自己責任制

汚した本人が汚れを落とす――。それがわが家のルールです。子どもたちには、「自分の不注意で汚したのに、人の時間を削るのはおかしいよね」と理由を説明します。

たとえば食事のとき、おしゃべりで注意散漫となり、食べ物をこぼしてしまったら……。私が拭いたほうが早いとわかっていますが、そこはぐっと我慢。いつもキレイな状態を当たり前とせず、汚れたら誰かが拭いてはじめてキレイになることを自ら体験させ、「何がいけなかったのかな？」と反省に向かわせます。すると、自分の行動を見直せ、次からこぼさないように。

家ではもちろん、友達の家や学校でも同じです。家庭での習慣はそのまま外でも出てしまうので、小さいうちからコツコツと。親の忍耐力が試されますが、心を無にして取り組んでいます。

消しカスは掃除機で吸うとキレイ

キレイを死守したいダイニングも、子どもが勉強したあとは、消しカスだらけに。「落とさないで!」「気をつけなきゃ……」と、親も子も神経質になりたくないので、消しカスは床に落としてよしにしました。テーブルに残ったこまかな消しカスは手で払い、落としきったら掃除機の出番です。椅子の周りやテーブル下をザッとかけるだけでOK。卓上ほうきで掃き取る方法もありますが、結局床に落ちて、掃除範囲が2か所に広がるだけ。掃除機なら1か所ですみます。

一瞬でキレイになる上、子どもは勉強に集中できて、私も怒らなくてすむ。いいことずくめです。

テーブル上の消しカスは、「落とさない」より「落として」気楽に。掃除機で一掃したほうが、早いしキレイになります

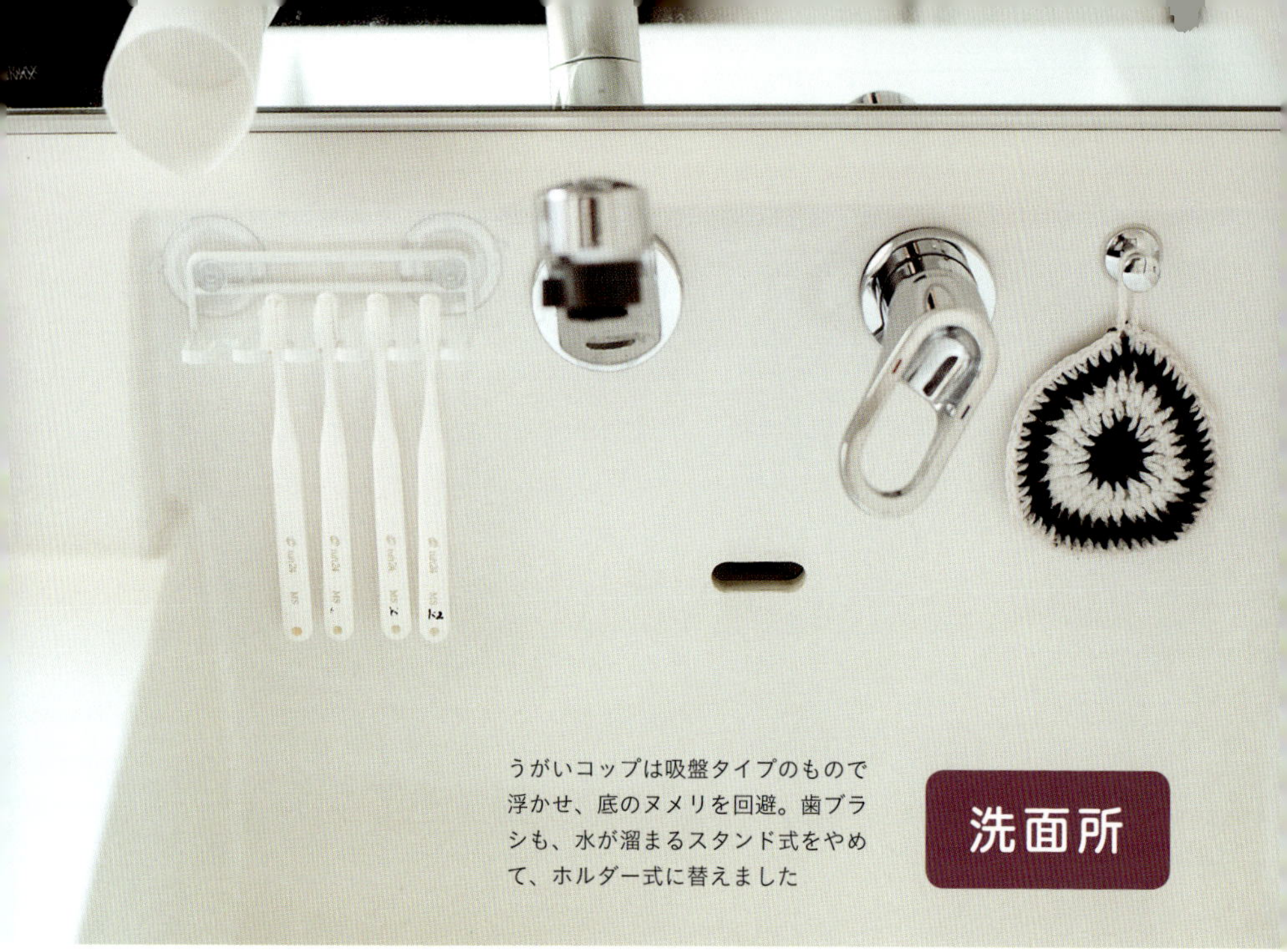

うがいコップは吸盤タイプのもので浮かせ、底のヌメリを回避。歯ブラシも、水が溜まるスタンド式をやめて、ホルダー式に替えました

洗面所

水回りは準備と予防で8割終わる

「毎日使う場所だから毎日掃除しなくちゃ！」と思うのは辛いもの。心理的なハードルを下げるために、掃除のじゃまになるものや、掃除道具の置き場所を工夫しています。

アイテムや掃除道具は、できるだけ吊るして、浮かすのが基本。掃除のたびにどけずにすんで、気軽に掃除に取りかかれます。接触面も少ないため、ヌメリがつきづらく、それ自体を汚れにくくします。

そして、掃除道具は手に取れる場所に置いて、すぐ使える状態に。たとえば洗面台は、アクリルたわしを一等席に吊るし、歯磨きしながら洗面ボウルを磨けるようにしています。トイレの使い捨てブラシも、購入後にひとつずつバラして、装着するだけに。やる気の腰を折らない工夫です。

汚れがつくのを防ぎ、汚れたらすぐ落とせる態勢を作っておく。水回りの掃除は、予防と準備で決まります。

浴室

シェーバーはホルダーにぶら下げて、水切れよく。すぐ掃除できるよう、物干しポールにスリッパとスクイージーを。引っかけタイプを購入

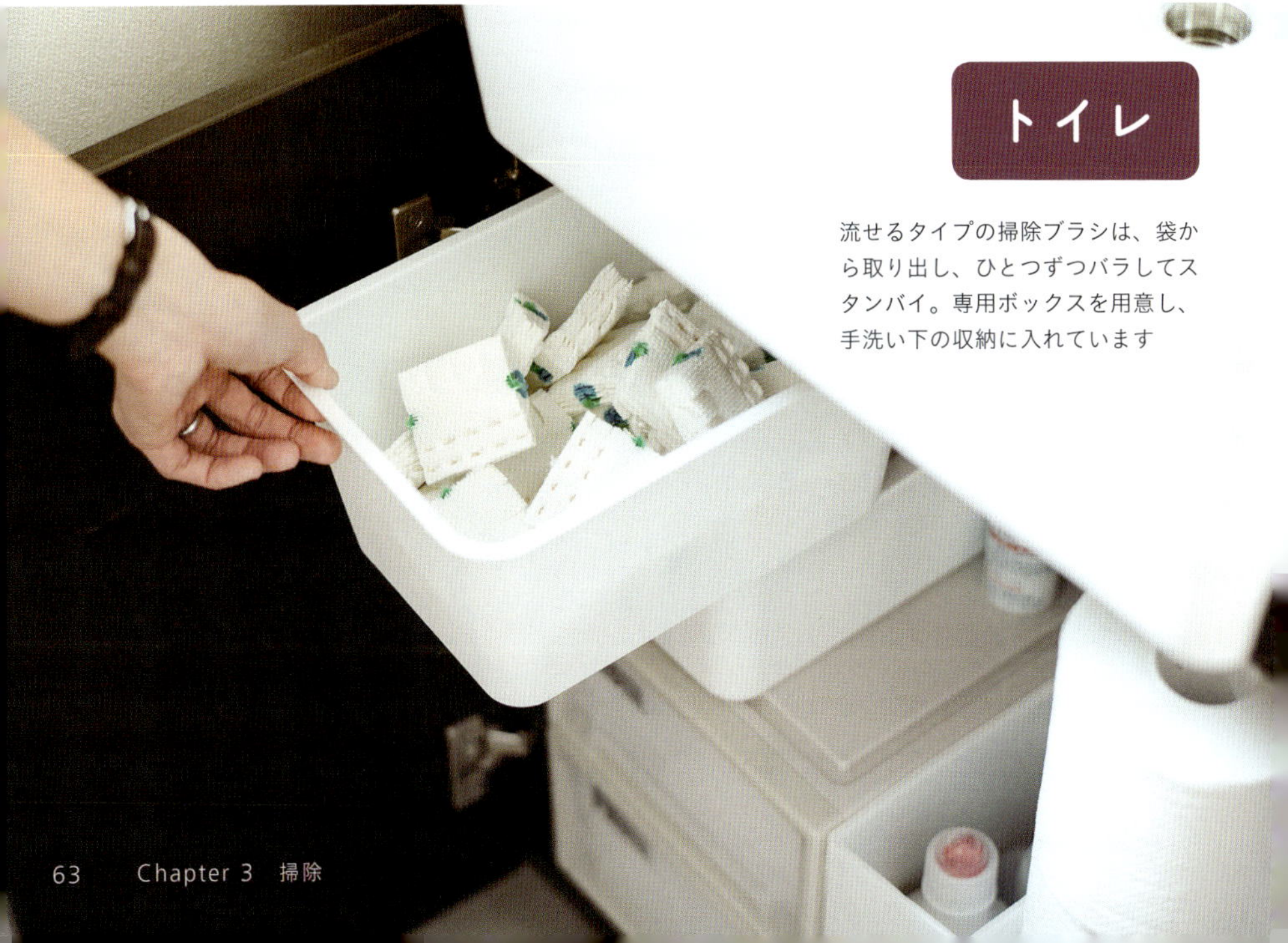

トイレ

流せるタイプの掃除ブラシは、袋から取り出し、ひとつずつバラしてスタンバイ。専用ボックスを用意し、手洗い下の収納に入れています

キッチンを隅々までキレイにしようとすると続かないので、目立つ場所だけ掃除し、「そこそこ」を保っています。
玄関やリビングに立ち、来客目線でチェック。すると、「あそこはけっこう目立つな」「ここは意外と見えないな」などがわかり、目に留まる場所は案外限られていることに気づきます。あとは、重点的に掃除すればOK。
冷蔵庫の扉、電子レンジの操作ボタン……。的を絞って拭けば時間がかからず、掃除嫌いの私でも続けられます。

キッチンは
目につくところだけ拭く

外フタ

操作ボタン

正面上部

汚れが目につくのは、冷蔵庫や電子レンジ、炊飯器などの家電。ツルツルした素材のせいか、角度を変えて見ると手垢が浮き出て目立ちます。キッチンにアルコールスプレーを常備し、汚れに気づいたら掃除する習慣に

キッチンペーパー1枚でリセット

繰り返し使えるキッチンペーパーをとことん使い回し、キッチンをキレイに。もったいない精神を掃除のやる気につなげます。

1日目

鍋を伏せ置く

キッチンペーパーをカウンターに置いて、夕食後に洗った鍋やフライパンの干し場に。翌朝までに乾くので、拭く手間いらず

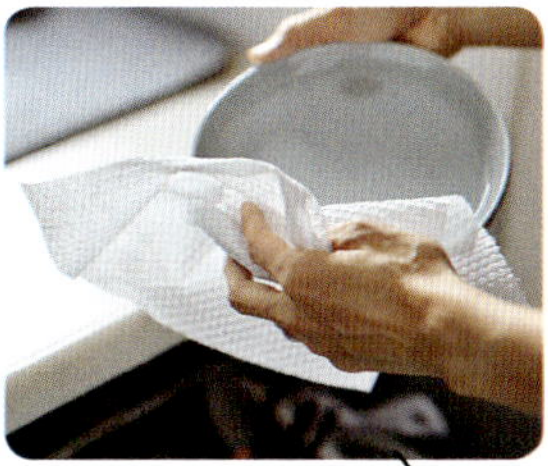

2日目

食器を拭く

昨晩回した食洗機の食器拭きに利用。水滴が残っているものだけ軽く拭き上げるので、1枚で十分

取手で乾かす

洗ってしぼり、電子レンジの取手にかけて干します。昼には乾いているので、日中に出た洗い物を拭くのに利用

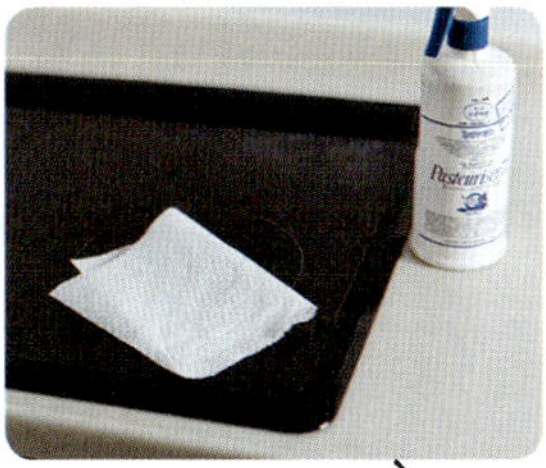

コンロを拭く

夕食後の洗い物が終わったら、手で半分に破いて2枚にし、1枚はコンロ掃除用に。アルコールスプレーで除菌も兼ねます

床を拭く

残りの1枚は床拭き用。床にアルコールスプレーを吹きかけ、調理や洗い物で落ちたごみや水けを拭き取ります

スポンジ1個主義！

食器用、コップ用、フライパン用……。使い分けるスポンジが多いと、置き場所や手入れに悩まされるので、スポンジは1個でまかなっています。

油汚れがひどいときは、裏紙で油をぬぐい取ってから、スポンジを使うように。気になるのはスポンジの汚れですが、汚れに合った洗剤を選ぶことで解決できます。油汚れに強く、除菌力の高い洗剤なら、スポンジに溜まった汚れもすっきりと洗い流してくれるはず。だから、野菜の泥を落とすときも、同じスポンジを使っています。ちなみに、スポンジは目の粗いものが、清潔を保ちやすいようです。

スポンジが1個なら、省スペースに収納できてシンクが広々。手入れも1日の終わりに熱湯をかけるだけですんで、ラクチンです。

1日の最後に熱湯で消毒

スポンジの熱湯消毒もついで家事。就寝前に淹れるコーヒーのお湯を利用してかけるだけ

排水皿は お皿と思う

排水皿をヌメリから守ろうと水切りネットをかぶせるのは、かえって危険です。「生ごみを溜めていい」と油断が生じ、掃除の頻度が下がって、汚れがますますひどくなるからです。

排水皿をキレイに保つには、常に洗える状態にしておくのがいちばん。水切りネットは使用せず、空に近い状態を維持します。調理中は、作業台の上にレジ袋をセットし、途中で出るごみをポイポイ放り込む習慣に。茶葉やコーヒーかすなどの小さなごみも、レジ袋の上で軽く振っておおかたを落とし、とにかく排水皿にごみを溜めないようにします。

このように排水皿を空にしておくことで、「今から排水皿を洗おう」ではなく「最後の1枚を洗おう」という気に。ついで洗いでキレイを保てます。

生ごみは そのつど処理

調理中は、まな板、包丁、レジ袋をセットに。ごみが出たそばから入れていきます

玄関は汚れる範囲を最小限に

掃除機が使いづらい玄関は、掃除がおっくうな場所。とはいえ家族が毎日汚れを運んでくるので、汚れを拡大させないよう対策を施しています。

靴は、一度履いたらたたきに出しっぱなしにし、下駄箱には戻しません。下駄箱には洗い済みの靴を収納し、汚れを持ち込まないように。すると、たたきをほうきでさっと履くだけで、玄関掃除は終了です。靴についた汗で、下駄箱がカビ臭くなるのも防げます。

また、濡れた傘は外に。水と砂が混ざり汚れがひどくなるのを避け、低労力でキレイになる工夫をしています。

濡れた傘は入れない

玄関ポーチにスタンド式の傘立てを用意し、雨で濡れた傘を吊るします。完全に乾いたら、玄関の中の傘かけバーへ移動

中にも置き場を

たたきの上に傘かけバーを取りつけ、乾いた傘を収納。壁面に吊るせば、掃除のじゃまになりません

履いた靴は戻さない

汚れた靴は、専用の洗い待ちボックスに待機。砂や泥はここでせき止めて、下駄箱の中を汚さないようにします

分けて並べる

学校用と家履きは分けて並べています。時間のない朝にすぐ履けるよう、上がり框の前に学校用を

月曜に玄関掃除をする理由

月曜の朝、子どもたちを見送ったあとの習慣になっているのが玄関掃除。掃除が苦手な私でも続いているのには、理由があります。

週末は、お出かけや習い事の試合で、いつもより家族の出入りが活発になり、玄関がひどく汚れます。週の始まりで気分をリフレッシュさせたいのに、これではげんなり。「さぁ今週もがんばろう」という前向きな気持ちが、家事のスイッチを押してくれるのです。また、登校後で靴が出払っているため、ほうきを阻むものが少なく、労力が最小限。このタイミングがいちばん効率よく掃除できます。

溜まった汚れを月曜の朝に一掃すれば、1週間、キレイな玄関が家族の帰りを迎えてくれます。

家事スイッチが入りやすい週の始まりを利用して掃除します。玄関だけ、というピンポイントで欲張りません

家の掃除は子どものタイミングでやる

年末恒例の大掃除は、家族総出で一気に終わらせたい――。そんな親の思惑に巻き込まれ、やらされている子どもはおもしろくないはず。

そこでわが家では、大掃除のタイミングを子どもの都合で決めています。春休みと冬休みで、新年度や新年を迎える時期。新しいことが始まるワクワク感を家族で共有し、「家をキレイにして新しい年（年度）を迎えよう！」とやる気を引き出します。

また、数日に渡ると子どもの集中力が続かないので、1日限定に。壁や床、家具などふだんのピンポイント掃除でもれがちな場所を、年2回「中掃除」として行っています。

掃除が終わったあとは、外食で打ち上げをするのがわが家の定番。掃除の大変さも爽快さも家族で共有します。

＼母子4人で／

1日で終える！「中掃除」の手順

子どもの年齢や身長に応じて作業分担を決め、一気に取りかかって
1日で終わらせます。換気扇やエアコンは夫が担当し、別日に掃除。

〈子どもたち〉

〈母〉

午前

〈子どもたち〉
- 浴室の壁や床を洗う
- 家具を拭く
- 壁の低い位置を拭く

〈母〉
- シーリングファンや吹き抜けのほこりを払う
- 落としたほこりを掃除機で吸う
- 壁の高い位置を拭く

午後

〈子どもたち〉
- キッチンのキャビネットを拭く
- 2階の床を拭く
- 階段や1階の床を拭く
- 窓の桟を掃除する

〈母〉
- 浴室のカビを落とす
- 冷蔵庫内を拭く
- キッチンの収納ケースや引き出し内を拭く
- 窓の桟を掃除する

Column

掃除は夫婦で分担し、win-win の関係に

掃除には、定期的な手入れが必要な場所と、不定期な手入れでも十分な場所があります。後者は換気扇やエアコン、外壁、車などで、わが家は夫が掃除を担当。夫婦間で出る家事の偏りを解消するのに役立っています。

共働きの場合、どうしても家事の負担にアンバランスが生じ、互いに不満を抱きがちです。わが家も夫が単身赴任中のため、家事は男女関係なく取り組むべきだという私と、家事に参加できないことに罪悪感を抱える夫で、温度差がありました。

協力してほしい妻と協力したい夫――。幸い２人の利害関係は一致するため、話し合って不定期に行う掃除を夫が担当することにしたのです。前述した換気扇やエアコンなどは、多少汚れが溜まっても、日常生活に支障がないため、夫が赴任先から帰ってきたタイミングで自由に取り組めます。

ここで私が心がけているのは、夫のやり方を尊重すること。「任せたからには干渉しない」と決めています。最初は難しいかもしれませんが、そのほうが夫は気持ちよく掃除に取り組め、私も夫のやり方に対してモヤモヤしません。そして、掃除のあとは「キレイになったね。ありがとう！」と感謝の気持ちを伝えて、喜びを共有するようにしています。

不定期掃除を夫に任せるようになって、私の中にも変化が生まれました。あっちもこっちも「掃除しなきゃ！」という焦りの対象が減り、心にゆとりができたのです。そのゆとりが、毎日の家事に取り組む活力になっています。

Chapter 4

洗濯

1日中気にかけておくのが煩わしい洗濯。それぞれの作業を1回で終わらせ、時間と気持ちのケジメをつけます。ポイントは、家族を総動員して一気に取りかかること。衣類を自己管理する意味でも、協力を得やすい家事です。

干す、たたむ、しまう。工程を分解して「1日がかり」をなくします

各工程を1回で終わらせて、時間のケリをつける

洗ってたたんでしまい終えるまで、長時間に及ぶ洗濯。1日中洗濯のことを気にかけずにすむよう、工程を分けてそのつど終わらせ、気持ちの区切りをつけています。

そのために私が実践しているのは、各工程を1回で終わらせること。まず、洗濯機を回すのは1日1回に（P76）。かさばるタオルはサイズダウンし、兼用して枚数を抑えています。また、服を買うときはデリケートな素材は避け、仕分け洗濯をしなくてすむように。洗濯が1回なら干すのも1回で終わります。ちなみに、わが家は室内干しなので、干すときに前日分を取り込んで、「干す」と「取り込む」を一度ですませています。

洗濯物をたたむ作業も1回きり。かごに取り込んだら作業を一旦終了し、夕方まで放置。時間があっても洗濯物には手をつけず、仕事や用事を片づけます。そして、子どもが帰宅したタイミングで、一斉にたたみます。毎日洗濯する下着やタオルは、1か所に集中させて収納しているため（P82）、戻し入れるのも1回。洗濯物をあちこちしまって回る必要がありません。

ひとつひとつ工程を終わらせて、時間と気持ちのケジメをつける。「分解洗濯」はまるで1話完結のドラマのようで、すっきりします。

帰宅後に2階の自室に上がったタイミングで、物干し場の洗濯物を取りに寄ります。毎日の習慣にし、自分の衣類は自分で管理するように

ひとりで抱えない。家族総動員で手間を分割

各工程を1回で終わらせるためには、家族の助けも欠かせません。ひとりかかりっきりにならず、手間を分けることで、作業が効率よく進みます。

たとえば、真っ黒に汚れた子どもの靴下。洗濯機で洗う前に予洗いが必要ですが、わが家では子どもが担当しています。そのため、浴室に予洗いコーナーを設置し、入浴のついでに洗えるよう工夫しました。夜に洗濯予約をする頃には洗濯機の中に収まっているので、私はスイッチを押すだけ。おかげで、洗濯は標準モード1回ですんでいます。

干すときも、子どもが家にいるときは、3人に任せます。あらかじめしっかり乾く干し方をレクチャーし、生乾きで二度干しする手間を防止。3人で一気に取りかかるので、1回分の洗濯ならほんの10分で干し終えます。

また、たたんでしまう作業も、自分の衣類は自分で担当。わが家の室内物干し場は2階なので、長女、長男の洗濯物は取り込んだら自室のある2階に置いたままに。それぞれが自分のものを自室へ運び、たたんでしまいます。

こうして、工程ごとに子どもに役割をもたせて、作業を分担。一気に終わらせるから、ずるずると1日仕事にならずにすんでいます。

1回で終わらせる

色落ち品は買わない

濡らすと色移りする濃色や柄物は、選択肢から除外。毎日ラクするための大切な条件です

洗濯物は一度で洗いきると決めています。朝食の後片づけがすむ頃に洗い上がるようセットし、干し終えたら朝の家事は終了！

それができるのは、家族がひとり増えるたびに洗濯物の量を見直してきたから。なかでもタオルは、バスタオルをやめて大きめのフェイスタオルにし、朝の洗顔で顔を拭いたあと吊るして乾かし、入浴後にも使って枚数を抑えます。毎日洗うタオルは5枚で、足拭きマットやキッチンマットは使っていません。

また、服の選び方を工夫して、仕分け洗濯をなくしています。子どもに手がかかる今は、服の選択幅を広げるより、洗濯回数を減らすことを優先。色落ちの恐れがあるものや、デリケートな素材のものは持たないようにし、全部一緒に洗います。洗剤を使い分けたり、洗濯物を洗濯ネットから出し入れする手間もなし。余計なタスクは徹底的に減らします。

暮らしの優先順位を明確にすれば、子どもが3人いても洗濯は1回で終わります。

小学3年生の長男の靴下はいつも真っ黒！　わが家のルール「自分の汚れは自分で落とす」に従って、洗濯前の予洗いは本人に任せています。

石けんをつけてゴシゴシ洗うのはさすがにハードルが高いので、9歳でもできる方法を考案。浴室の洗い場の壁に、吸盤タイプの石けんホルダーを取りつけ、よく落ちると評判の『ウタマロ石けん』（株式会社東邦）をスタンバイ。入浴のついでに予洗いができるお膳立てを整えます。

靴下は、子どもが帰宅時に脱いで洗い場にポイッ。夜お風呂に入ったときに、底面を石けんの上でスーッと滑らせ、石けんを塗りつけて洗濯機へ。これなら片手ですんで、面倒くさがり屋の長男でも続けられます。

靴下以外にも、シャツの襟や袖口の汚れを子どもが自分で予洗い。家族が自分の汚れに向き合うしくみを作っておけば、洗濯の負担を減らせます。

汚した人が洗う

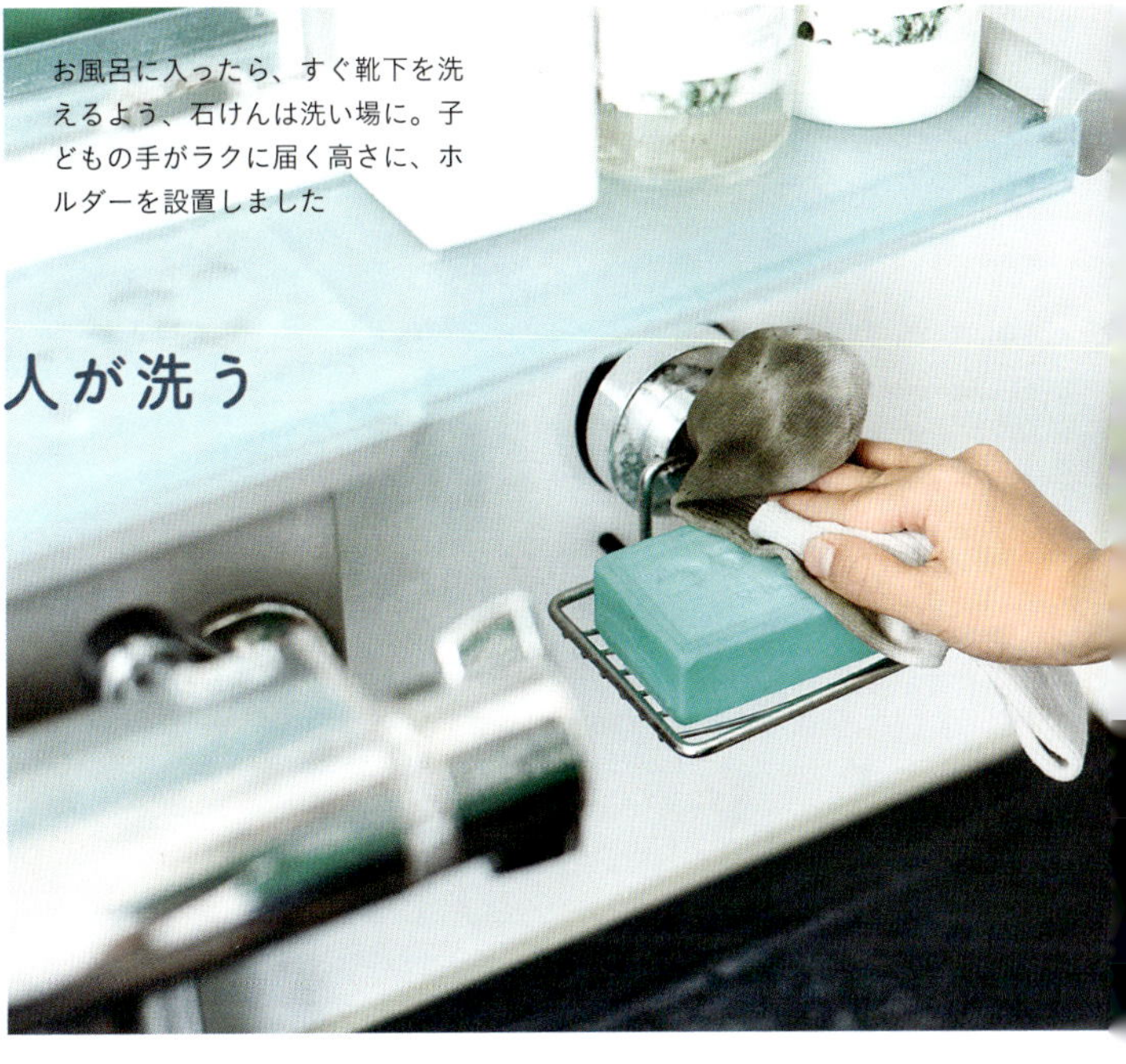

お風呂に入ったら、すぐ靴下を洗えるよう、石けんは洗い場に。子どもの手がラクに届く高さに、ホルダーを設置しました

干すときに取り込む

わが家は、全天候型の室内干し派。洗濯物は夜通し干し、取り込む作業と干す作業を一度にすませています。おかげで、2階の物干し場へ行くのは朝の一度だけ。「干すときに取り込む」というついで家事の実践で、家事のタイミングを2回から1回に。洗濯による拘束時間を減らせます。

洗濯かごやハンガーもうまく循環させて、無駄な動きがないように。慌ただしい朝の家事は、小さなストレスをつぶすことで「ラク」に差が出ます。

かけ替えずにクロゼットへ

洗濯用とクロゼット用のハンガーを同じにしておけば、服をかけ替える手間を省けます

戻した本数を物干しへ

戻した分と同じ数をクロゼットから物干しへ移し、次にかけるとき困らないように

アーチ干し&サーキュレーターが乾きやすい

洗濯物を「干すときに取り込む」ためには、朝までに確実に乾かすことが必須条件。室内干しは通風を期待しづらいので、干し方を工夫しています。

まず、洗濯物は丈の長さで干し分けます。両サイドに長いものを、中央に向けてだんだん短いものを干し、アーチ形を描きます。その真下にサーキュレーターを置いて、上向きに風を送風。こうすると、下からの風がアーチに沿って対流を起こし、洗濯物にまんべんなく風が当たって、効率よく乾かせるように。雨や曇りの日でもしっかり乾きます。

生乾きの心配をしたり、天気に振り回されたり……。100%乾く方法を見つけておけば、洗濯のモヤモヤが手放せ、1日中気にかけずにすみます。

タオルもハンガー干し

体を拭くタオルは、ハンガーに収まるサイズを購入。これなら物干し場を占領しません!

各人でたたむ・しまう

洗濯物をたたんでしまう作業は、「各人にお任せ」スタイルで。私の仕事は取り込むまでです。
　取り込んだ洗濯物は人別に分けて、物干し場の手すりに置きます。子どもが自室に寄るタイミングで、洗濯物を持ち帰り、たたんでチェストへ。

　このスタイルのメリットは、自分の衣類を確認できること。「体操服はここにしまったはず」や「靴下に穴が開いている！」など、収納場所や消耗度がわかります。**「お母さんあれどこ？」**が減って、**買い替えの機会もつかめる**のでおすすめです。

取りに行く

洗濯物は、子どもが自分のものとわかるよう、人別に分けておきます。自分の洗濯物は自分で取りに行って自室へ。表に返すひと手間も自身で

▼▼▼

たたむ

「自分がやりやすいたたみ方で」とだけ伝えて、仕上がりに口は出しません。人の真似ではなく、自分のやり方を見つける習慣が身につきます

▼▼▼

しまう

アイテムごとに、決められた場所に戻していきます。美しく整えることがゴールではなく、使うときに取り出しやすくしまうように

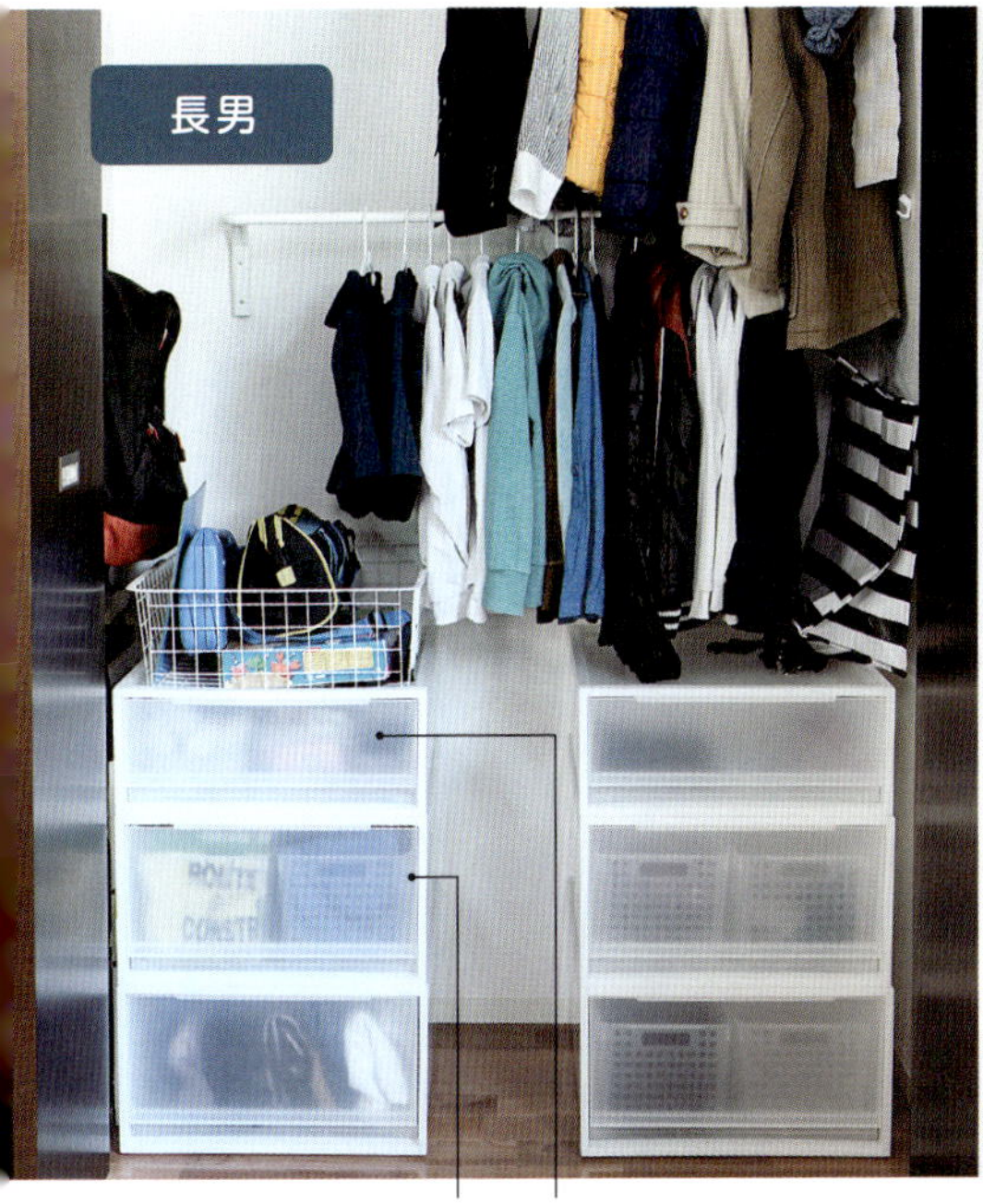

右上、左上／自室のクロゼットに引き出しを置いて、毎日洗うアイテムを1か所に。学校グッズと服でスペースを分けています。しまい分けが面倒なマスクなどの学校グッズは、ひとつの引き出しに。下／二男のクロゼットは1階の和室。エプロンやタオルなど幼稚園グッズは1段にまとめて、一気にしまえるように。すぐ前でたたむのでしまう動線が最短

子どもクロゼット

Children's closet

下着とタオルは1か所収納でしまいやすく

洗濯物を抱えて家じゅうウロウロするのは面倒だし、時間の無駄……。ならば！　と毎日洗濯するものは収める場所を1か所限定にしました。

対象は家族の下着とタオルで、洗面所や浴室に近い階段下スペースに収納。スペースいっぱいに引き出しチェストを並べて、種類や人別に1段ずつ引き出しを割り当てています。

自分の服は各人でたたみますが、下着やタオルは全員で。夕方に手の空いたメンバーでたたみます。たたんだらそれぞれが人別に分けて積み上げ、それを重ねてひと塊にして階段下収納へ。人別の塊ごと引き出しに入れるので、一瞬でしまい終えます。

1か所ならしまうのに迷わないので、子ども任せでも。毎日収納するアイテムにぴったりの方法です。

取り出すのも便利な場所

階段下収納は洗面所と脱衣所に隣接。洗顔や入浴で使う、タオルや下着の準備がスムーズ

アイロンがけは ラクな姿勢だと 苦にならない

アイロンがけは、ときどき発生する突発的な家事。毎日のスケジュールに組み込みづらいせいか、いつまでたっても苦手意識が消えません。

そんなときは、発想の転換です！　アイロンがけを趣味の時間に変えてしまえばいいのです。わが家の場合は、かける場所を和室からダイニングテーブルに引っ越し。テレビを見ながら、コーヒーを飲みながら、と好きなことと組み合わせて行うようにしました。正座でかけるよりも、いつも座るダイニングテーブルでかけたほうが、リラックスできてラク。

さらに、アイロンマットを使えば、さっと広げるだけで、ダイニングテーブルがアイロン台に早代わり。道具をセットする面倒も手放せます。

タオルハンカチでラクする

ハンカチは、しわが気にならないタオル地を愛用。アイロンがけの頻度を減らせます

シーツなどの大物洗いはおっくうなもの。家族の人数分のシーツを回収し、セットするのは重労働なので、ここでも各人制を導入しています。

子どもがひとりで着脱できるように、ボックスシーツは伸縮性のあるものを用意。伸びないタイプを使っていたときは、ひとりで四隅を合わせるのが難しく、結局親の手が必要に。でも写真のシーツは伸びのよい天竺編みで、ひとりでも装着が簡単。片手でマットの隅を持ち上げて、もう一方の手でボックスシーツを伸ばしつつセットすれば完了です。

休日で晴れた日は、子どもたちが自分の部屋からボックスシーツを運んで、洗濯機へ。洗い終えたら干して乾かし、自分のボックスシーツを持ってそれぞれのマットレスに装着します。

面倒なシーツ洗いも、シーツを吟味して各人で取りかかれば、いつもの洗濯のように気負わずにできます。

セットしやすいシーツで気楽に洗う

天竺編みのシーツは、横方面によく伸びて、装着がスムーズ。オーガニックコットン天竺ボックスシーツ・スモール／杢ブラウン／無印良品

子ども靴はつけ置きと洗濯機の合わせ技で

子どもの靴は力任せにこするより、洗剤と洗濯機の力を借りたほうが、ずっと効率的。長年による試行錯誤で、ベストな方法を見つけました。

週末の夜、入浴後に湯を浴槽に溜めて酸素系漂白剤を溶かし、3人分の靴や上履きを入れて、一気に片づけます。一晩つけ置いて翌日靴ブラシで軽くこすったら、水洗いして洗濯機へ。標準モードで洗って室内干しにすれば、月曜までに乾きます。

酸素系漂白剤は、汚れを白くしてくれる上に、ニオイも消えてさっぱり。子どもの靴洗いに最適です。

入浴後、浴槽に40℃の湯を張り、酸素系漂白剤を投入(2ℓに対して10ｇが目安)。靴と上履きを入れて一晩放置します

▼
▼

翌日湯を抜いて靴を取り出し、残った汚れを靴ブラシでこすります。この時点で汚れは８割がたキレイに。手にやさしい成分なので手袋なしでＯＫ

▼
▼

シャワーで水洗いし、さっと水けをきったら、洗濯機の中へ。標準モードで洗濯をスタートし、脱水後室内で乾かします

Column

お手伝いのご褒美は、「お金」より「時間」

外で乾かすほうが気持ちのいい晴れの日は、洗濯物はベランダ干しに。子どもたちが成長した今、洗濯物の取り込みを任せられないかと目論み、物干し竿を子どもが届く高さに変えてみました。

ある日の夕方、洗濯物の取り込みを頼んでみたら、子どもたちはすんなりと応え、私は夕食の準備に専念。おかげで家事を早く切り上げられ、おしゃべりやＤＶＤ鑑賞など、食後の時間をみんなで楽しく過ごせました。もし洗濯物の取り込みも夕食の準備も、私がひとりで抱えてイライラしていたら、そのあとの楽しい時間はなかったかもしれません。

「みんなでやると早く終わって、楽しい時間が増える！」ということを、身をもって経験した子どもたち。そのときから、「あとで訪れるハッピーのために、今できることはないか？」という姿勢に変わっていきました。

私は、子どもたちにお手伝いの報酬を渡したことは一度もありません。報酬を目的に動くより、「今できることはないか？」と常に状況を見ながら動けるような人間になってほしい……という願いがあるからです。洗濯物の取り込みのように、ひとりひとりが今できることをやれば、みんなで過ごす楽しい時間が待っています。そしてそれが、わが家のお手伝いのご褒美。

報酬には限度がありますが、楽しみの時間ならプライスレス！　みんなで楽しむために、自分のできることをやる。子どもの頃のお手伝い経験で培った意識が、社会に出たときにきっと役立つはずです。

Chapter 5

片づけ

収納のしくみを作って、日々の片づけに追われないようにします。「美しく・多く」しまうのではなく、「スムーズに動く」を目標に。部屋が片づくのはもちろん、家事の効率も上がり、暮らし全体をラクにしてくれます。

子どもが自然に動ける収納にすれば、毎日片づけに追われません！

「末っ子基準」のしくみなら、みんなができる！

片づけがうまくいっていないな、とモヤモヤするとき、家の様子を見るとおもに2つの原因に行き着きます。

ひとつは、子どもの片づけがうまくいっていないこと。おもちゃなどカラフルな色使いの子どもグッズが出しっぱなしになっていると、ごちゃごちゃして散らかって見えます。逆にいえば、これらを制すれば、家の8割は片づいたも同然。家を片づけるには、子どもの収納を改善することが最優先課題です。

それには、末っ子に照準を当ててしくみを組み立てていきます。わが家の末っ子は6歳ですが、おもちゃを種類やパーツ別など、細かく分類するとうまく片づけられません。そのため、ブロックやレールなど大まかに分けてボックスに入れるだけのざっくりとした収納にしています。このとき、ボックスはフタなしを用意し、フタを開閉する手間を省いておきます。子どもの収納で優先させるのは、親の「こんなふうに片づけてほしい」ではなく、子どもにとっての「面倒くさい」を取り除くこと。そうしない限り、親は子の片づけにずっとつき合うことになります。

しくみができると手放しで片づくので、「どんどん散らかしていいよ！」と寛容な心でいられます。収納は「末っ子基準」にすれば、6歳でもできる＝家族全員が片づけられるので、家は自然と整っていきます。

散らかりやすい上着は、帰宅後の動線に合った場所に収納を設けました。下には子どもスペースも作り、一緒に片づけられるように

ものを停滞させなければ、片づけは最小限

モヤモヤのもうひとつの原因が、「行き先が決まっていないもの」。脱いだ上着や帽子、家に届く郵便物やDM、持ち帰った学校プリントや作品……などが増えて、スペースをどんどん侵略していきます。

これらを増やさないためには、「取りあえず」と判断を後回しにせず、家の中に入った瞬間に判断を下すこと。そのためには、小さなものにも収納スペースを用意し、行き先を見つけておくことが大切です。帰る場所がなければ、つい「そこらへん」に放置され、部屋が散らかるのは時間の問題。当たり前のことですが、暮らしの変化でものは入れ替わるので、収納が追いついていないケースもあるのです。ときどきしか使わないものや季節限定で使うものなど、定位置を確保しづらいものは、収納に余白を作って対応します。

また、郵便物や学校プリントは、「保管するのか破棄するのか」「保管するならいつまでか」と、あらかじめゴールまでの道筋を決めておきます。そうすると、入ってきた瞬間にどう処理すべきかわかるので、「取りあえず取っておこう」とはならず、溜まるのを防げます。

大事なのは、ものを停滞させず、行き先を決めること。溜めない暮らしは片づけが最小限ですみ、ほどほどの労力ですっきりをキープできるようになります。

家の中をよく観察すると、ものが散らかる場所とそうでない場所に分かれることに気づきます。

わが家の場合、いちばん散らかるのは1階の和室。日当たりがよく、リビングやキッチンからも近いので、みんなやってきます。帰宅したらここで上着を脱いで、鞄から中身を取り出す。5分と経たないうちに、和室はもので溢れます。

疲れて帰ってきたあとは、ものを元に戻すのがおっくうで、片づけをつい後回しにしがち。わが家は子ども部屋やクロゼットが2階にあるため、なおさらです。

和室は家族がくつろぐ場所でありたいので、そばにある押入れの半分を散らかり対策スペースに改造しました。ポールやフックを駆使し、上着や鞄を簡単に戻せるように。ざっくり放り込めるかごも備えました（P92）。

散らかっていてもふすまを開けるだけで片づくので、あっという間にキレイになります。

散らかる場所に収納を作る

散らかりがちなものを押入れが引き受けるので、畳の上はすっきり。押入れは収納グッズやＤＩＹで、簡易クロゼットに作り変えました

毎日の食事づくりで、食品や道具の出し入れが多いキッチンも、散らかりやすい場所のひとつ。

収納場所があるものはまだしも、ケース買いの飲料やお米、不意のいただきものなどは、つい床に置きがちです。また、子どもが頻繁にのぞく菓子や、何かと要り用のレジ袋は、カウンターに置きっぱなしに。学校プリントのチェックや郵便物の仕分けなどもキッチンで行うため、紙類や文房具も集まってきます。

これらの問題を解決するため、リフォームでキッチンの入り口にパントリーを設置しました。わずか1畳ですが、このスペースが大活躍！　壁面いっぱいに収納スペースを設け、キッチンのハミ出しものに場所を確保（P93）。元に戻るしくみにしたら、床やカウンターにものが溢れなくなったのです。

収納は広さに目がいきがちですが、考えるべきは場所！　散らかる場所のそばに作れば、家はかなりすっきりします。

パントリーのおかげで、床や作業台の上がすっきり。じゃまなものがないと作業効率が上がります。背面カウンター左手がパントリー

Oshiire

中段の上が私、下が子ども。上着や鞄のほか、時計や保険証など外出に必要なものを収納しています。ポールやフックにかけるだけにし、ワンアクションで戻せるように。一時置き場には、持ち帰った書類などを。

Pantry

使用頻度で奥と手前を使い分け、よく使うものを戻しやすくしています。手前にはエコバッグ、水筒ホルダー、菓子を、奥にはホットプレート、レシピ本を。紙類は壁かけのホワイトボードに貼り、目に留まるように。

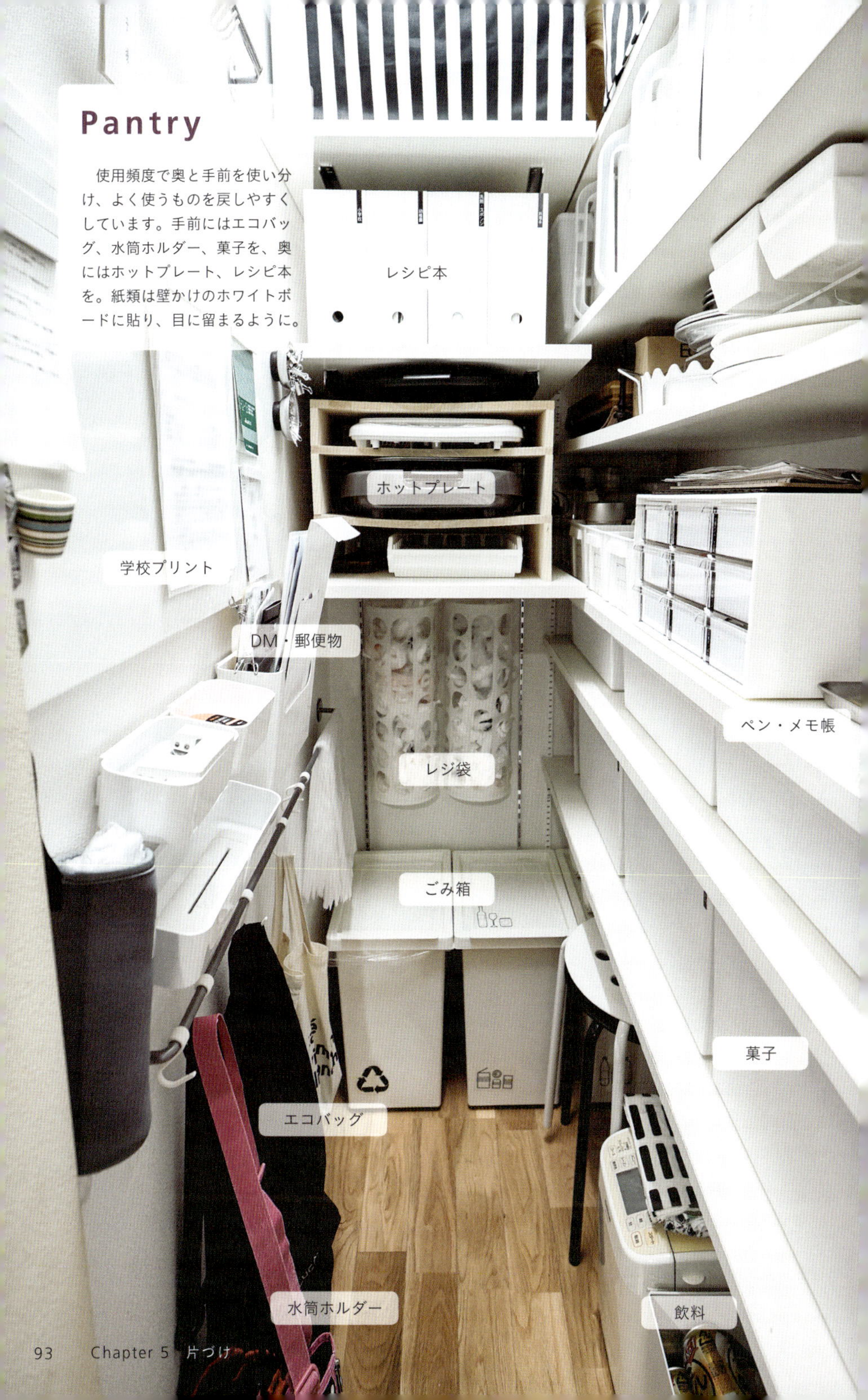

右上／リモコンはテレビの横で定位置管理。植木鉢に立てるだけ。右下・左上／いずれもフタなしボックスで、ドリルは棚のすき間からすべり込ませればＯＫ。左下／ベルトは服を脱ぐ場所に収納し、フックでかけやすく

「元に戻す」をシンプルに

収納で気をつけているのが「戻す」動作。これがスムーズでないと、ものが出しっぱなしになります。

ポイントは、両手を使わないこと。リモコンやおもちゃ、ドリル、ベルトは、すべて片手で戻せるよう工夫しています。リモコンはケースに立てるだけ、おもちゃはボックスに放り込むだけ、ベルトはフックに引っかけるだけ……。フタを開ける、穴に通すなど、両手が必要な収納用品は避け、「戻す」動作を簡単にしているのです。

「面倒だな」と思わせない戻し方にすれば、幼稚園児でも片づけられます。

「もしも」の備えで散らかさない

イベントで使ったラッピング用品、子どもの発表会で買ったアクセサリー……。不意に入ってくるものは、なかなか収納場所が確保しづらく、ポイ置きの原因に。

そこで、**各場所にひとつ、フリーボックスを用意し、ものの一時預り所に。**

新たな預り品が入ってきたら行き先を検討し、処分するか専用の収納場所を設けて移動。ボックスに留めないようにします。

不定期使用や使う予定が決まっていないものを入れる場所を作っておけば、散らかり防止につながります。

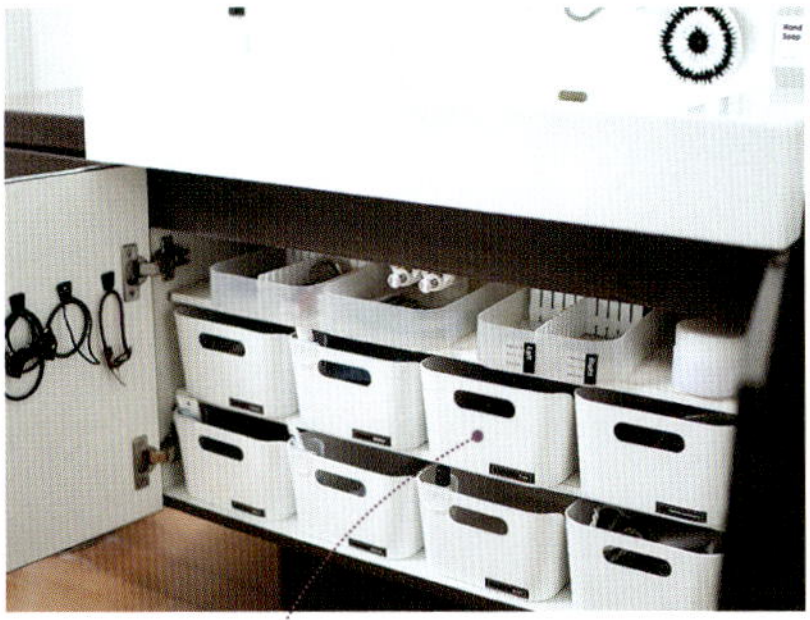

洗面所のフリーボックスに入っているのは、おめかし用のコサージュなど使用機会が限られるもの。年齢に合わなくなったら処分

chirakaru!

ごく稀に使うもの

パントリーにも1ボックス。今はハロウィンやクリスマスのラッピング用品が収まっています。翌年優先的に使い、増やさないように

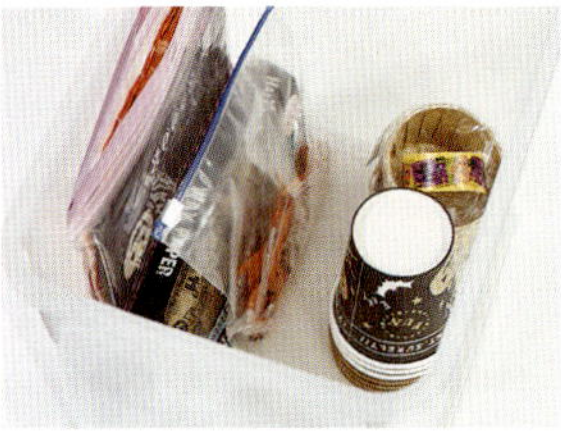

chirakaru!

季節限定グッズ

こんな工夫

紙袋、レシート、郵便物……。外からやってくるものを放置すると、家はますます散らかります。容量と処分のタイミングを決めて対処。

レジ袋・紙袋

ケース2つに収まるだけ

レジ袋や紙袋は、大小のサイズを一ケースずつ、合計2ケース持つように。溢れたら古いものを間引いて、量で管理しています。ケースに放り込むだけなら、たたんで並べる手間がいらず、すぐ片づいて散らかりません。ちなみに、大小でケースを分ければ、サイズが混ざらず、取り出しやすくなります。

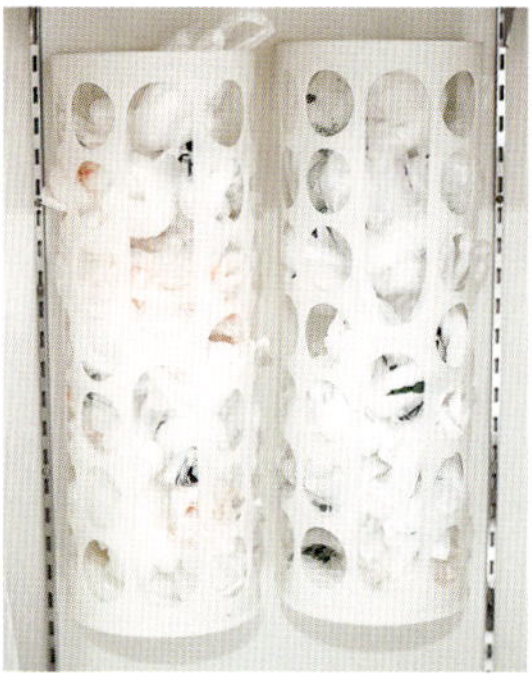

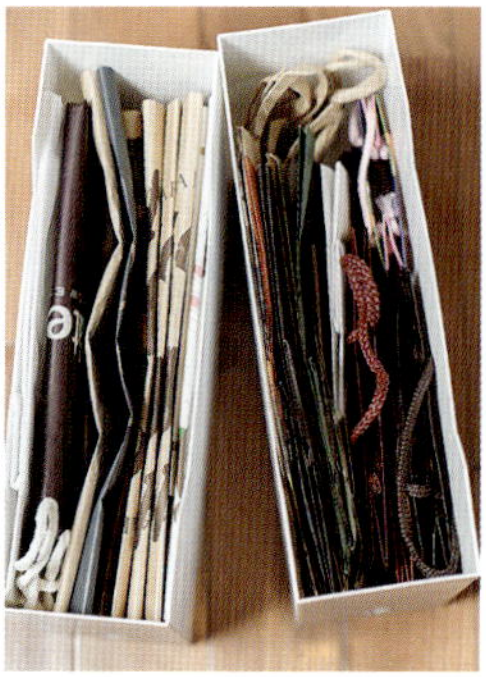

レシート・クーポン券

右ポケットがごみ箱代わり

ティッシュ、レシート……。外出先でごみが出るタイミングはばらばらで、バッグや財布の中が散らかりがち。そこで、すべてのごみは右ポケットに入れ、散らかる場所を一か所に。帰宅後はポケットの中身をつかんで、ごみ箱に捨てればOK。バッグや財布からごみを取り出し、処理する手間が省けます。

散らかりがちなものは

郵便物・DM

コーヒータイムをスイッチに

テーブルやカウンターが郵便物やDMで雑然とならないよう、毎朝しかけを用意しています。玄関で子どもを見送ったついでに、ポストから郵便物を取り出してテーブルへ。朝家事後の楽しみであるコーヒーを淹れ、仕分けを開始。早く終わらせてすっきりと片づいたテーブルでくつろぎたいので、面倒な作業も集中してこなせます。

①開封し、中身を取り出す

郵便物やＤＭの宛名をチェック。封書はすべて開封し、中身を取り出したら封筒と分け、フリーペーパーと一緒に重ねます

②仕分けする

夫宛て、必要なもの、不要なものの３つに分けます。不要品は資源ごみ箱へ入れ、宛名部分は①の封筒と一緒にシュレッダーで粉砕

▶▶▶

パントリー内に夫専用ボックスを用意。②で仕分けをしたあと、夫宛ての封書や夫の確認が必要なものは、帰宅時まで待機します

必要なもののうち、保管したいものやあとで確認したいものはバインダーへ。まとめておけば、家事の合間に立ったまま確認可

③すっきりテーブルでコーヒー

フリーペーパーなどはコーヒーを飲みながら中身をチェック。読み終わったら、マグカップをシンクへ持っていくついでにごみ箱へ

毎日届くプリントを停滞させないシステム

子どもが帰宅後ダイニングテーブルに置いたプリントは、宿題をみながら確認します。テーブルは夕食前にリセットし、「あとで」と先送りするのを封印。プリントはそのつど処理が肝心です。

整理のコツは、月・週・日報で分けること。「お取り置き期間」に合わせて、管理の仕方を変えるのです。月配布の学校だよりは、読んだら取り置く必要はないので、裏紙に。週報に載った時間割は1週間取り置いて、ちょくちょく見返すのでスマホのカレンダーアプリに。日々持ち帰るお知らせは、提出や確認の時期がばらばらで、取り置く期間も異なるため、スマホアプリと紙の両方で管理。

「お取り置き期間」に分けて保管法を決めれば、プリントが溜まらず、必要なときにすぐ見つかります。

パントリーにプリントの保管場所を設けて、キッチンの散らかりを防止。右／マグネットボードには、提出や確認が必要なものだけを貼るように。上／すぐ隣に裏紙かごを用意し、不要になったら即移動

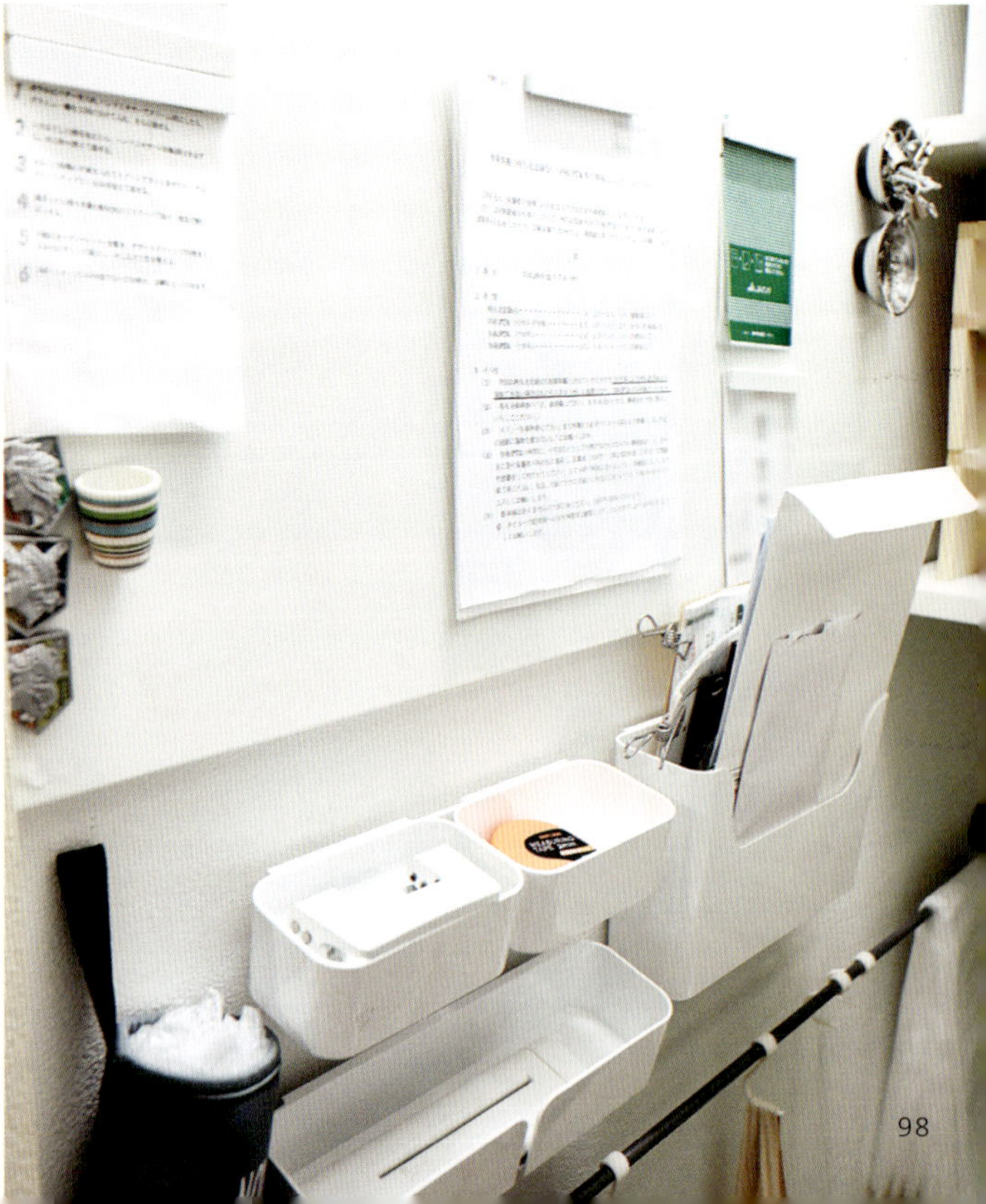

書類整理のフロー

プリントの配布は、月・週・日の３つのタイミング。それぞれの「お取り置き期間」に応じて、紙やスマホアプリなど保管法を変えています。

幼稚園

月

月１配布の月間スケジュールは、カレンダーアプリに保管したあと裏紙かごへ。パッと開けて確認が容易

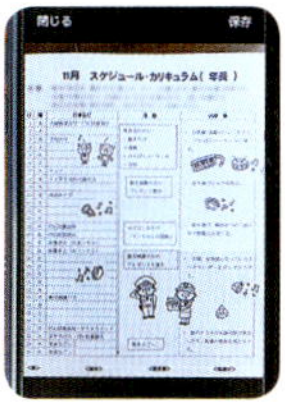

スマホアプリ

月間スケジュールを撮影し、スマホアプリで管理。参観日や弁当が必要な日などは、アラーム登録をします

小学校

日

運動会やバザー、PTAのお知らせなど、日々持ち帰るプリントは、まず提出用と保管用に分けます

↓ 保管 ↓

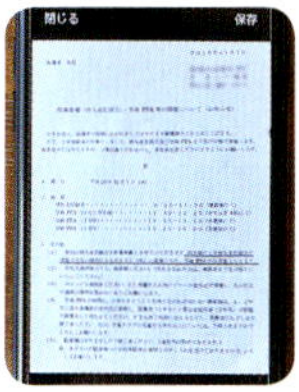

スマホアプリ

保管しておくものは撮影し、スマホアプリで管理。日時が決まっているものは、アラーム登録をすませます

↓

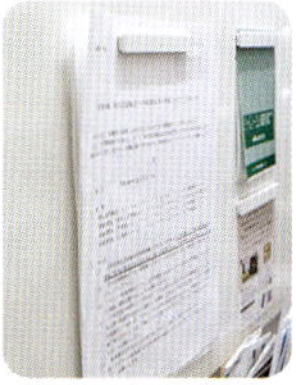

パントリー

紙はバックアップ用として、パントリーのマグネットボードに。行事がすんだら、裏紙かごへ移します

↓ 提出 ↓ すぐ提出

週

時間割や学校行事のお知らせが載った週報は、カレンダーアプリで保管。時間割は子どもに渡し、持ち物の確認に

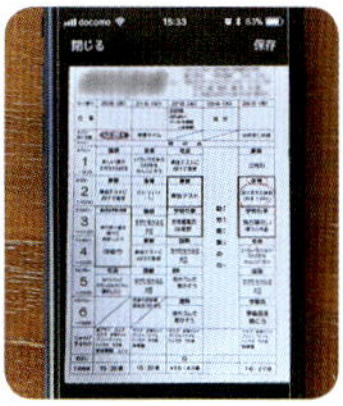

スマホアプリ

スマホアプリに保管した週報は、子どもの帰宅時間や提出物を確認するためのもの。出先でも見られて便利

ランドセル

長男の時間割は、ランドセルのポケットに。ここなら、ランドセルの中身と照合しやすく、準備がスムーズ

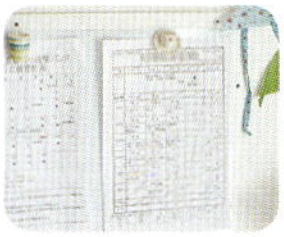

机の前

長女の時間割は、自室の学習机前のマグネットボードに。帰宅後はこの時間割を見ながら、翌日の教材を準備

月

月１配布の学校だよりは、ざっと確認後裏紙かごへ。詳細は週報に載っているので、紙やデータで残す必要なし

裏紙

学校だよりのほか、不要になったプリントはかごに。裏紙はおもに子どもの自宅学習時の計算用紙として活用

子どものものは スキル別が片づく

「子どもだから」と収納をひと括りにするのは危険です。片づけのスキルには差があり、同じ収納法では誰かが辛い思いをします。

わが家の場合、長女の片づけスキルは、何も言わなくても自分で考えてできるレベル。部屋は持ち物を把握しやすいよう、きちんと整えられています。一方で、長男は私が言ってもすぐに忘れてしまうレベルで、いろんなものが出しっぱなしになっています。

同じ学校のプリントでも、ふたりの扱い方はまるで違います。長女はひとつのファイルに、保管用と提出用を一緒に入れても、提出用だけ選んで出すことができます。ところが、長男は一緒にすると提出用を出し忘れるので、最初から2つのファイルに分けて入れ、選んで出す手間をなくすことで、出し忘れがなくなりました。

子どものスキルに合った収納法を用意することは、本人はもちろん、毎日注意をしなくてすむ私のラクにもつながります。

提出物

学校プリントは提出用と保管用の2種類。長女のファイルはひとつで、ここから提出用だけを抜き取って提出。長男のファイルは2つで、提出用と保管用をあらかじめ分けて入れ、提出用のファイルを出せばOKに。仕分けの手間をカット

長女

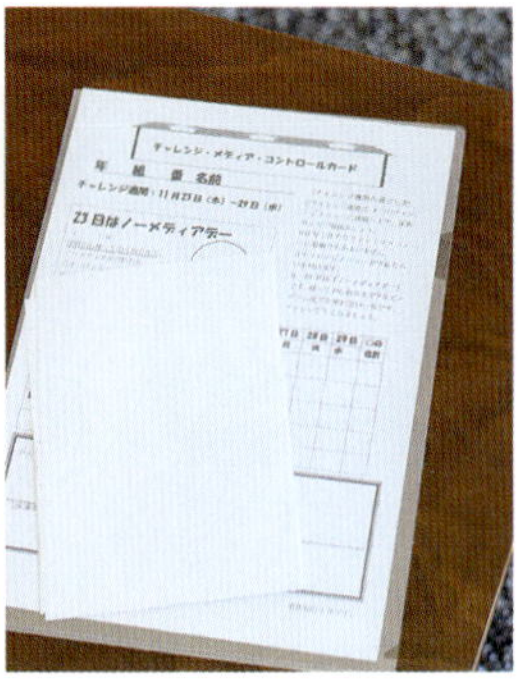

長男

時間割

長女は2階の自室、長男はランドセルに収納。目で見ながら準備ができる長女と違い、音でも確認しなければ忘れ物をしてしまう長男。1階の和室にランドセルを下ろし、音読しながら準備した教材を中へ。キッチンに立つ私も耳で確認。

長女

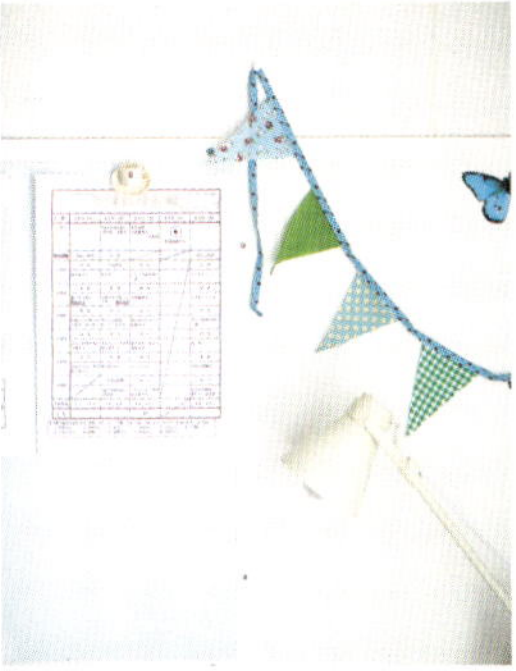

長男

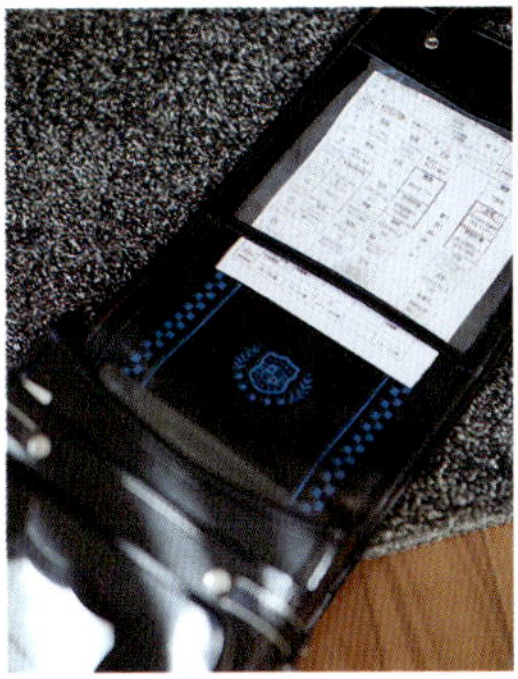

服

長女の引き出しは、アイテム別に並べるだけ。それでは長男はごちゃ混ぜにするので、引き出しぴったりにかごを入れて、スペースを仕切りました。半ズボンや長ズボンなど、ひとかご1アイテム制にし、ほかのものと混ざらないように。

長女

長男

ハンカチ・ティッシュ

長女は前日準備派で、長男は当日準備派。長女は帰宅後すぐに、教科書や体操服と同じタイミングで制服のポケットに入れるため、2階の自室クロゼットに。長男は朝の身支度のついでに用意するため、1階の洗面所に近い階段下収納に。

長女

長男

入園前（3歳まで）

こまかいものは袋にまとめて

パズルのピースなどこまかなものはジッパーつきの袋に。スライド式なら開閉しやすく、袋に入れれば紛失しません

見てすぐわかるよう、棚を使ったオープン収納に。色つきボックスやジッパーつき袋を使えば、１〜３歳でも簡単に片づけられます

色と数字でわかりやすく

色や数字入りのボックスを人数分用意し、「僕は緑の３番」と覚えやすいように。広口なら、放り込むだけで片づきます

おもちゃ収納は年齢に合わせて

みんなで遊ぶおもちゃの収納は、末っ子の年齢が基準。成長に伴って、少しずつ収納の仕方を変えています。

大きく変わるのは、幼稚園の入園前後。入園前は視覚に訴える方法が有効なので、色や数字入りのボックスなどを使用して、自分のものを認識させます。子どもへの声かけも「１番の赤いケースに片づけようね」とわかりやすく伝えられます。また、見てわかるよう、しまい込まず、棚などに見せる収納が最適。

入園後は、集団生活の中で人の話を聞く力がつくので、片づける方法を上手に伝えていきます。おもちゃをカテゴリー

入園後（4歳から）

引き出して上からわかる

4歳になれば、衣装ケースをラクに引き出せるように。上から一目瞭然なので、おもちゃの組み合わせも自由自在

衣装ケースに入れたおもちゃを押入れにしまって、出し入れして遊びます。また、カテゴリー別のしまい分けが理解できるように

ボックスに分けてしまう

ブロックやレールなどに分け、分けた数のボックスを衣装ケースの中へ。明確に仕切ることで、迷わず戻せます

で分けてしまうことも理解できるので、引き出しをボックスで仕切って収納。腕力もついて出し入れが容易なので、隠す収納が取り入れられます。

このように、年齢に応じた収納なら無理がなく、片づけが続けられます。

買う前におもちゃ相談会

おもちゃは入れ替え制で、収納スペースは増やさないルール。購入する誕生日とクリスマスの前に、親子で残しておきたいおもちゃについて検討。手放すものと入れ替えます。

広げるのは ランドセル1個分

子どもの帰宅後は、部屋が散らかる魔の時間帯。散らかりを最小限に抑えるため、ものを広げるスペースをひとりランドセル1個分にしました。

子どもは教材や手提げ袋をランドセルの上に積み上げ、帰宅後の片づけをします。すると、「自分だけスペースを独占しちゃマズイな」とスペースの不公平感が抑えられ、誰かひとりだけがものを散らかすという事態を防げます。

共有スペースを気持ちよく使うためには、ルールが必要。わが家の場合は和室ですが、リビングの片づけにも応用できるルールです。

テーブルの上は ノート1冊分

リビング学習を行うテーブルも共有スペース。自分の教材はノート1冊分に重ねて、みんなが気持ちよく

子どもの作品に親は関与しない

**ひとり１個
思い出ボックス**

残したいものはここに入るだけに。年度の終わりに自分で中身を取捨選択し、溢れないよう気をつけます

家族が集まる和室の壁一面を、子どもの作品展示コーナーにしています。あれもこれも飾ろうとするときりがないので、「受賞作」や「クラスの代表に選ばれたもの」だけを壁に。

飾る作品を親が決めると、子どもたちに不公平感を与えてしまう恐れがありますが、第三者が決めたものなら、みんなが納得できます。

作品は月が変わったら撤去し、取っておきたいものは子ども自身が決めて、思い出ボックスで保管します。親が残しておきたいものがあったら、自分の思い出ボックスへ。

明確な基準があると選びやすく、一定量を保つことができます。

Column

「片づけ育」の主役は、親ではなく子どもたち！

子どもの片づけ力を育む「片づけ育」。整理収納アドバイザーでありながら、私にはプレッシャーに感じる言葉でした。「子どもの片づけ能力は親次第」と、私の母親力を試されている気がしたからです。

わが家の長男は、片づけが苦手です。がんばって片づけを教えようとしてもうまくいかず、悩む日々が続きました。ところがある日、買い物から帰ったあと、自らすすんでトイレットペーパーを補充したり、日用品を運んだりする長男の姿を見て気づいたのです。「見返りなど関係なく、人のために動くところが、彼のいいところなのだ」と。それからは、できないところを見るのではなく、できるところを見て、片づけのアプローチに活かすように。「明日、お客さまが来るから片づけてほしいな」「お姉ちゃんは習い事があるから、代わりにやってくれたら嬉しいな」。誰かのためにお願いすると、片づけもさっとすませられるようになりました。得意分野を刺激すると動きがよくなるのは、大人も子どもも同じなのです。

「母親力が低いから、子どもが片づけられない」という私が主役の「片づけ育」は、ただただ苦しいものでした。でも、子どもを主役にすると、少しだけ気持ちがラクに。苦手な片づけも、不得意科目をゆっくり伸ばすのと同じように、その子のペースでゆっくり伸ばしていけばいい。

私のように「『片づけ育』がうまくいかない……」と悩んでいる人は少なくないと思いますが、親は過剰な責任を感じる必要はなく、見守ってあげるだけで十分なのです。

Chapter 6

名もなき家事

家の仕事は、調理や掃除、洗濯、片づけに留まりません。写真を整理したり、子どもの服を用意したり、家族のスケジュールを管理したり。家事に認定されづらい「名もなき家事」は、時間の見積もりから始めます。

こまごま家事は「やりどき」を。時間管理で先回りします

「いつやる」と決めて、スケジュールに組み込む

料理や掃除など毎日繰り返す家事は、1日のスケジュールに組み込みやすいもの。でも、写真の整理や日用品の補充といったいわゆる「名もなき家事」は、「時間があるときに」と後回しにしがちです。その結果、「いつかやらなくちゃ」が山積して自分にしわ寄せがくるので、私は2つの方法で対処しています。

ひとつ目は、**どんなにささいな家事も、「いつやる」と実行するタイミングを決めること。「いつか」を「いつ」に変えることで、計画的に動くようになります。**

たとえば、ごみ出しを「子どもの登校時に集積所へ運ぶ」と決めてみる。すると、それまでにごみを集めるよう、朝の家事を調整しつつ、逆算して動けます。アルバム用のプリント写真は「毎月頭に現像する」と決めることで、前月末までに画像を整理するようになります。

また、郵便物は幼稚園の送迎バスを見送るときにピックアップする、トイレットペーパーの在庫確認はトイレに入ったときにするなど、ルーティンワークのついでに行うことで、実行のタイミングをつかめます。

いつ発生して、いつやるべきなのか、わかりにくいからこそ後回しになりがちな「名もなき家事」は、自分のペースに合ったタイミングを決めることで、スケジュールに自然と盛り込めて負担に感じません。

仕事の予定はパソコンのデスクトップで管理。電子付箋は期限(今週、今月、来月以降)で色分けし、作業量と優先順位を把握します

便利ツールを活用し、マネジメントの助けに

2つ目は、便利ツールを活用すること。「名もなき家事」の中には、スケジュールや子どものサポートといったマネジメント力が必要なものもあり、パソコンの電子付箋やスマホアプリのアラーム（P110）などが役に立ちます。

仕事や子育て、家事を並行してこなすには、スケジュールの管理が鍵となります。それにはまず、自分の足下、仕事のスケジュールをしっかりと把握。デスクトップに貼りつける電子付箋を使えば、パソコンを立ち上げると、仕事の量と期限が一目瞭然にわかります。すると、家事をこなすタイミングがつかめ、子どもの習い事送迎や日用品の買い足しといった「名もなき家事」を片づけられます。

また、スマホアプリのアラームも有効です。たとえばバザー提供品の提出期限をスマホアプリに登録しておけば、「やりどき」を教えてくれて、「覚えておかなきゃ！」と力まずにすんでラクです。

子どものサポートには、自作の「ほうかごボード」（P111）を使っています。宿題など、帰宅後にやるべきことをボードに表したもので、私に代わって指示を出してくれるので、あれこれ口を出さずにすみます。

働き者のツールに頼ることで、自分の負担を減らせる分、時間にも気持ちにも余裕が生まれます。

家族の予定はアラームで呼び出してもらう

自分の仕事や子どもの用事など、家族の予定を管理するのはひと苦労。手帳に頼るといちいち確認するのがおっくうで、書いたら安心して忘れることも。

そこで、予定はスマホのカレンダーアプリに入力し、日時や期限をアラーム設定。アラームを鳴らすタイミングを1日前、2時間前、1時間前の3段階にしておけば、前日から小刻みに知らせてくれるので、段階的に準備を進められます。

また、予定の詳細が書かれたプリントは、もらったときにスマホで写真を撮り、同じアプリに添付ファイルとして保存。中身をおさらいできます。

アラームが予定を知らせてくれるので、毎晩「明日何かある？」と手帳を確認する手間もなし。「やらなきゃ！」がひとつ減って、気持ちがラクです。

電話中の確認用に手帳も併用

仕事と学校の用事は、電話中に確認できるよう手帳でも管理。赤と青字で区別し、開始時間だけ記入

「ほうかごボード」で子どもの仕事をサポート

箸やお便りを出したり、時間割を確認したり……。帰宅後の片づけや翌日の準備を子どもが自分でできるよう、「ほうかごボード」を作りました。

用意するのはマグネットボードとマグネットシート、ラベルライター。同じラベルを2枚用意し、作業が終わったらラベルを重ねます。右の写真は全部グレーになったら完了。何がどこまで終わったのか、ボードを見れば一目瞭然です。親も進捗を把握でき、過剰に声かけせずにすんでストレスなし。

①同じラベルを2枚つくる

ラベルライターで、同じ項目のラベルを2枚作ります。色違いにして、白を未完用、グレーを完了用に

②ラベル1枚をマグネットに貼る

グレーのラベルシールを、同じ大きさのマグネットシートに貼ります。白はボードに直接貼ればＯＫ

溜まる写真は瞬間整理がベストショット

スマホで撮った写真は溜めがちなので、撮ってすぐ選ぶように。撮った瞬間の手ごたえを大事にすれば、意外にすんなり選べます。「ある程度溜まってから」と後回しにすると、迷いが生じたり、思い出補正で取っておきたくなったりと、選別作業に時間がかかるもの。瞬間整理なら、雑念にかられることもありません。

選んだ写真はスマホアプリで管理し、月に一度プリントを注文するので、自動的にアルバムが完成。「家族のアルバム作り」という呪縛から解放されます。

紙にプリントしたい？

撮ったその場で画像チェック。保管の判断基準は、紙で取っておきたいかどうか

スマホの月フォルダへ

選んだ写真はスマホの月フォルダに保存し、アプリALBUSにアップロードして現像依頼

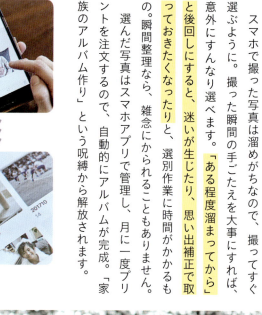

リング式ファイルで年賀状を住所録に

年賀状は、住所という情報を管理するツール。一年分だけ取っておき、差し替え式のリングファイルを使って、どんどん更新しています。

年賀状が届いたら、パンチで穴を開けて、写真用のリングファイルに。リング式はパラパラとめくれて見やすく、自由に順番を決められるのがポイント。引っ越しはがきが届いたら、年賀状の前に差し込み、古い情報を新しい情報で上書きします。これが最新の住所録となり、年末の年賀状作成時に役立ちます。

翌年届いた新しい年賀状は、正月三が日のうちに前年分を破棄し、リングファイルへ。同じように引っ越しはがきが届いたら差し込んで情報を更新し、常に最新を保ちます。

子どもの分もスペースを確保

ラベルのないリングファイルは子ども用。いずれ必要になるので、今から収納場所を用意

日用品の補充で面倒なリスト化を避ける方法

定期的に補充する日用品は、定番品を決めてなるべくネットで買うと、在庫管理の負担が減らせます。

購入後はあちこち分散させず、1か所にまとめて収納。たとえばトイレットペーパーなら、トイレの中だけにすれば、扉を開ければ残量が把握できます。収納に合わせた数を選んでもよいかもしれません。

1か所に収納していると、ひとつ補充するたびに在庫残量を確認できるので、なくなりそうなタイミングでカートイン。繰り返すうちに、自動的にカートの中身が補充リストとなり、わざわざリストを作らなくてすみます。また、子どもが補充する文房具などは、少なくなってきたら届け出てもらうように。

この方法なら、一覧表の作成や在庫点検の時間が不要。リストを持ってウロウロする手間を省けます。

1か所に集める

扉を開けたら一瞬で在庫がわかる1か所収納。視覚として記憶に残るので、数値化して管理しなくても大丈夫

上／補充時に在庫が少なければ、ネットショップでカートイン。次のセールで購入します。定番品を決めておくと買い物がスムーズ。右下／文房具の在庫管理は子どもが担当。少なくなってきたら残量を申告。左下／月1交換の歯ブラシは、人数分を輪ゴムで留めて、残りの月数を明確化。すぐ使えるよう、家族のイニシャルも書いておきます

なくなりかけたらカートイン

ひと月分をまとめる

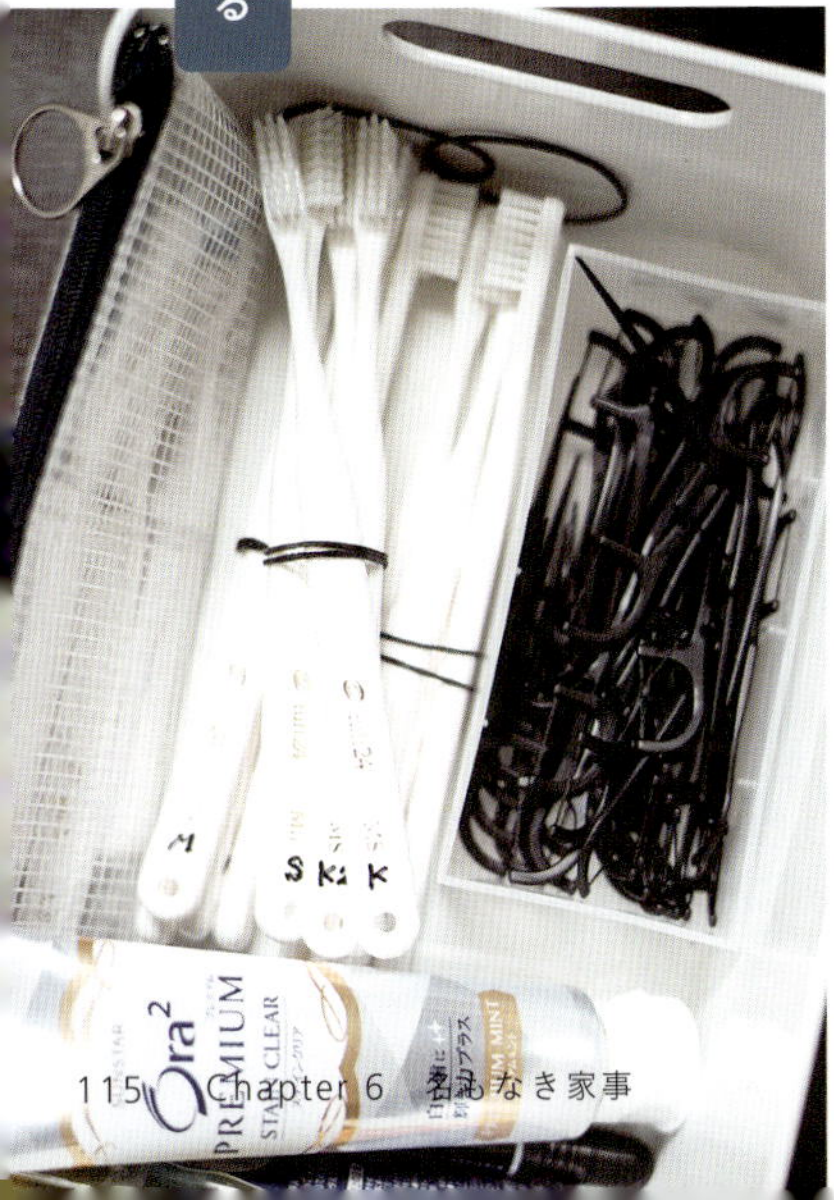

文房具は申告制

ごみは集めずに持ってくる

ごみを処理するのも、立派な「名もなき家事」。朝の慌ただしい時間帯に、家じゅうを回って集めるのは骨が折れます。

掃除の章でも述べましたが、汚れやごみは出した人自身で始末するのがわが家流。子どもたちは、ごみの日の朝、靴を履くタイミングで2階にある自室のごみ箱を玄関ホールまで運び、ごみをごみ袋の中に入れます。ごみが溜まっていなければ、次の可燃ごみの日まで捨てなくてOK。ごみ処理のタイミングは、ごみを出した本人がいちばんよくわかっているはずなので任せています。

ちなみに、玄関ホールのごみ袋は、キッチンの可燃ごみ用。子どもたちがごみを下ろす前に、ごみ箱からごみ袋を取り出し、1階のごみを回収して玄関ホールに置いておきます。

自分の部屋にごみが溢れて困るのは本人なので、声かけをしなくても子どもは自主的に捨てるもの。「2階のごみ管理」というタスクをまるっと減らせます。

シンクに専用干し場

洗った牛乳パックや食品トレイなどは、シンクの水切りかごで乾燥。ごみがいつ発生しても干せるので、処理にモタつかず、キッチンも散らかりません。食器の乾燥は食洗機で

かるがるキャスターつき

瓶缶やリサイクル用のごみ箱には、底の四隅にシールタイプのキャスターを。片手で引き出せて、持ち運ぶ必要がないので、重くなっても回収がラク

袋は家の総量に合わせる

ごみ回収をスタートするキッチンの可燃ごみ箱は容量30ℓ。45ℓのごみ袋をセットし、容量に余裕を持たせておけば、家じゅうのごみがすっぽり収まります。1枚で完結

捨てる手間いらず

保存食品は、使用後の処理を考えてパッケージで選びます。ツナやコーンなどは洗う手間がかかる缶より袋入りを。ガムシロップは使うたびにごみが出る個別包装よりボトルを

平日は毎日「お母ちゃん塾」を開講。がんばっているのは自分だけじゃない、と思えれば、勉強も仕事もはかどります

仕事しながら勉強を見ると子どもが伸びる

夫は単身赴任中なので、子どもの勉強を見るのも私の仕事。以前は家事をしながら見守っていましたが、効率が悪いと気づいてからは、私も座って仕事をするように。

同じテーブルの上で、同じように集中して作業を進めると、親も子も不思議とはかどるもの。子どもの質問に即座に答えられるので、集中力が途切れず、テンポよく学習を進められます。私も、子どもと向き合ううちに集中力が増して、仕事が進みます。

そして、仕事をしながら勉強を見る最大のメリットは、親が仕事に取り組む姿を見せられること。子どもたちにほどよい緊張感が伝わり、「今は勉強に集中する時間だ」という雰囲気づくりが自然にできます。これは、「勉強しなさい！」と言葉で言うより効果的。

私がパソコンを開くと同時に学習を始め、学習を終えるとパソコンを閉じる。親子でオンオフを切り替えられて、ケジメのある時間の過ごし方を子どもに体験させられます。

怪我や病気は
ケースひとつで
慌てない

急な怪我や病気に直面すると、気持ちが動転するもの。そんな非常事態に備えて、通院に必要なものをあらかじめケースにまとめて「病院セット」を作り、考えなくても動けるようにしました。

ケースには健康保険証と診察券、お薬手帳、財布を。保険証と診察券は、人別にカードケースにまとめて取り出しやすくしています。財布は病院専用で、毎月五千円を入れ、夜間など現金を準備できないときの備えに。ラベルも貼って家族に見つかりやすくしています。

「病院セット」があれば、バッグに放り込むだけで準備完了。あちこち取りに行かずにすむ分、気持ちにゆとりが生まれます。

準備しやすい場所に収納

「病院セット」は1階の身支度コーナーに。上着やバッグも揃うのですぐ出かけられます

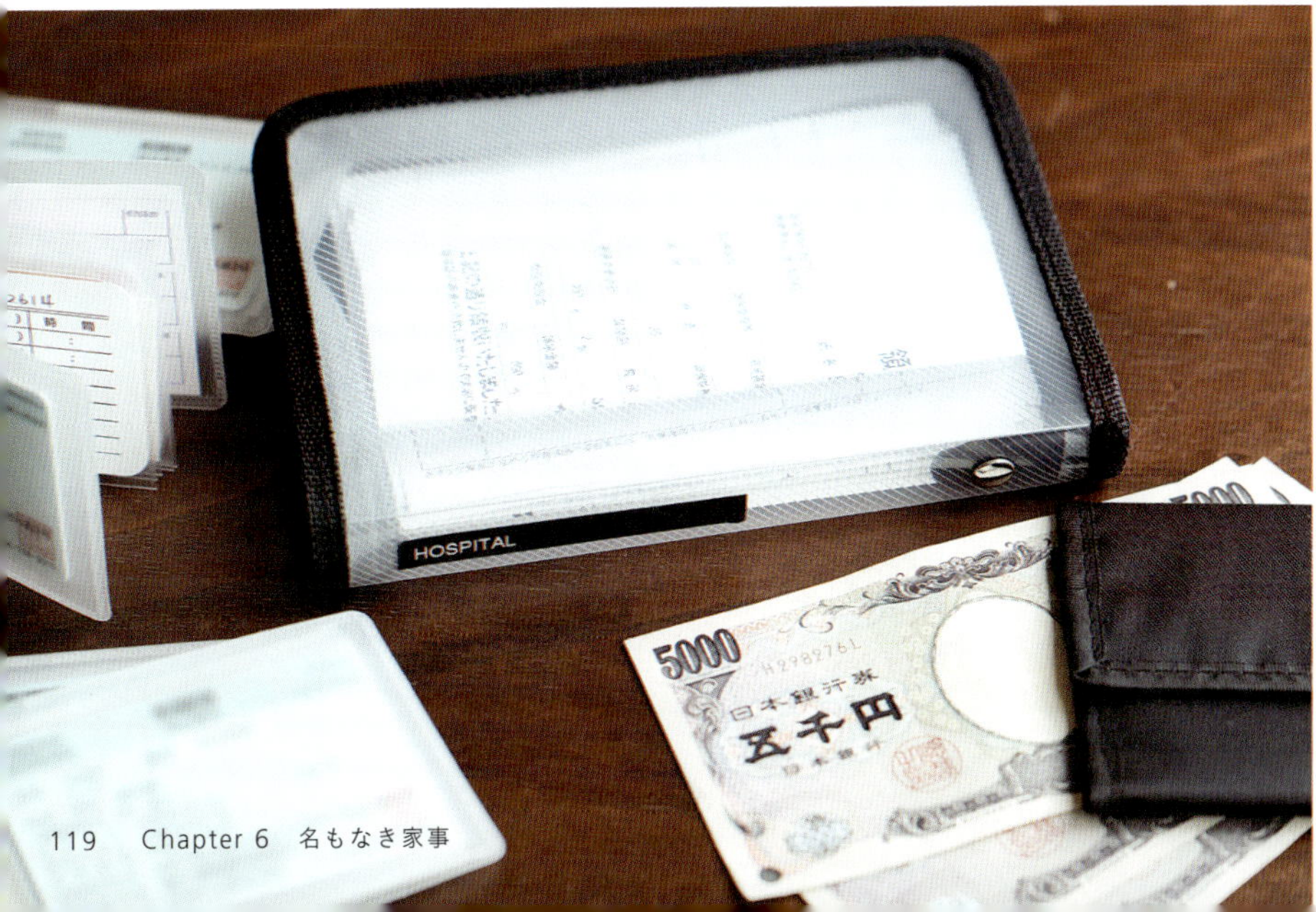

子ども服は同じ店で「買う」をまとめる

子どもの新しい服を用意するのは、破れたり入らなくなったとき。春夏と秋冬物を入れ替えるときにチェックし、買い替えています。

子連れの店巡りは時間と労力がかかるので、私と長女はできるだけ同じ店を利用。子ども服から大人服まで扱う店で、1か所で買い物をすませれば、店と店との移動はもちろん、試着や会計が一度ですんで時短です。

長男と二男の男子チームは、おもにネットショップで購入。ここでも同じ店で探し、気に入ったものをサイズ違いでカートイン。

服は食品と同じ実用品と割りきり、店もネットも最短で調達するよう心がけています。

同じデザインで迷わない

同じものをサイズ違いで選べば、探すのは一度きり。お下がりで飽きないよう色は変えて

上／シーズン中は、洗濯動線のよい脱衣所のフックにかけて。左／シーズンオフは、階段下収納の奥の壁で、翌シーズンまで待機

引き出し上にかごを置いて定位置に。ふだんは空けておき、ものを入れないようにします

空き箱やラップの芯が出たら、専用ボックスひとつに。文房具ストックと同じ納戸で管理

上／夏休み中はほぼ毎日使うので、玄関の傘かけバーに。左／A６ファイルにカードを入れ、穴を開けてひもを通し、スライド式に

持ち出し品は「たまに」ほどわかりやすく

学期終わりに持ち帰る学用品、夏休み限定のラジオ体操カード、不定期で必要になる工作材料……。

どれも使用頻度は低いものの、確実に必要で、代用がきかないものばかり。たまに使うものは、使った記憶が古く思い出しにくいので、しっかり管理して忘れないようにします。

まず、専用の収納場所を確保し、ものに住所を与えます。同時に家族にも伝えて情報を共有し、うっかり忘れたときの保険にします。

すぐ見つかれば、朝の登校準備で「お母さんどこ？」と聞かれません。

外の用事をサクサクこなすコツ

郵便物の投函、お金の振込み、宅急便の受け取り……。面倒くさがり屋の私は、服を着替えるのがおっくうで、後回しにしがちでした。あるとき、思いきって部屋着をやめてみたら、外の用事がみるみる片づいたのです。

外の用事は頻繁に不定期で発生します。何か起こったときにすぐ行動できるよう、朝起きたら外着を身につけるように。外着だとすぐ外出できるので、「後でいいか……」が「今やってしまおう！」と行動が前倒しになります。家事も外着のままこなすので、汚れてもいいように、ボトムスも家でガンガン洗えるものを選んでいます。

さらにはこんな副産物が。部屋着を持たないことで、収納スペースに空きができて、クロゼットがゆるゆるに。服全体に目が行き届きやすくなって、管理がラクになりました。

部屋着をやめて外着を身につけると、朝から精力的に動けて、充実した1日を過ごす習慣が手に入ります。

家計は枠管理で
ゆるやかに

お金の管理は細かく分けると面倒で続かないので、枠管理で支出を安定させています。食費やレジャー費などの変動費は、毎週決まった額を引き出して財布に入れ、その中でやりくり。項目を細かく設定せず、状況に応じて調整することで、範囲内に収めています。財布の中身がそのまま限度額になるので、買い物で使うのを慎重になり、浪費防止にも。

一方で、住居費や保険費などの固定費は、取引明細を通帳記帳するだけに。支出が膨らむ恐れのないものは、管理を手放します。

家計簿をつけないシンプルなやり方だから続けられ、管理に追われることもありません。

残った千円札は貯蓄へ

財布に千円札が残ったら週末ごとに「銀行ケース」に移し、給料日にまとめて貯蓄口座へ

布団の入れ替えは個室化で力入らず

季節の変わり目は、寝具や衣類の入れ替えで家事が増えるもの。とくに布団は移動が大変なので、収納を工夫しています。

布団が入るボックスを枚数分用意し、1枚ずつ入れて押入れへ。**そのまま重ねると出し入れしにくい布団も、ボックスなら片手でラクに入れ替えられます。**

布団を取り出したあとは空きボックスを残し、しまう時季まで指定席をリザーブ。ほかのものにスペースを奪われず、収納が大きく崩れるのを防げます。

ちなみに、家族全員同じ布団にすれば、どのボックスを引き出しても可。ラベルも不要です。

ずっと続く家事は、年をとっても続けられるしくみにし、将来の心配をひとつ減らします。

Sサイズが すっぽり!

シングルサイズ1枚が入るボックスを調達。前面が大きく開くので、出し入れが容易です。持ち手つき。SKUBB 収納ケース／イケア

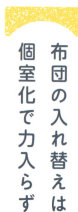

帰宅後にラクする旅行の準備

旅行のあとぐったりと疲れるのは、後片づけが待っているから。そうならないよう、行く前にしっかりと準備します。

まず、帰宅後に洗濯が待っている衣類。収納にはトラベルポーチを使わず、レジ袋と洗濯ネットを使います。レジ袋1枚に家族全員の1日分の着替えを入れ、宿泊日数分を準備。宿に着いたら中身を出し、脱いだ衣類を入れます。下着は洗濯ネットへ。

帰宅後は、バッグからレジ袋と洗濯ネットを取り出し、中身を洗濯機に放り込むだけ。洗濯機へ何度も往復したり、大量の衣類を仕分ける必要がありません。

また、歯ブラシや化粧水などのアメニティーは、宿の備えつけを使うので、後片づけはなし。帰宅後の作業を最小限にしています。

持って行くのはヘアオイルだけ

シャンプーが髪に合わなかったときのために、ヘアオイルだけは持参。ふだん使っているものなら詰め替える手間がいらず、旅行用を買い揃える必要もありません

おわりに

手作りの服を身につけ、手作りのパンを食べて登校し、帰宅後も手作りのおやつを食べる。家事を高い水準でこなす母のもと、私は育ちました。結婚して母親になれば、私も母のようになれると何の疑いもなく思っていたのです。

現実は散々たるものでした。実際は「こんなの、聞いてないよ……」の連続。掃除道具ってどうやって選ぶの？　在庫管理に家計管理って何!?　子連れ買い物は何て大変なの！　暮らしを維持することが、こんなにも手間がかかるなんて……。ちょっと近所の丘を登るつもりが、じつは富士山を登らなければならないような衝撃でした。

あまりの家事スキルの低さに落ち込む私を救ったのは、ほかの誰でもない家族でした。家事ができる夫は、いわゆるダメ出しはしません。家事とは「家の仕事」で住む人全員で取り組むべきだ、という考えなので、暮らしが回らないときでも、私を責めることはありませんでした。

子どもたちは「おばあちゃんは料理上手で、お母ちゃんはお片づけ上手！」と、私の得意分野を認め、家事スキルの低い私でもできることがあると教えてくれました。ちゃんと見てくれ

ているのが心の支えになり、「苦手だけど今日もがんばろう！」と背中を押してくれるのです。

ワンオペ、家庭内家事格差、2人目の壁……。これらの問題のほとんどは、家族全員が家事に取り組むようになれば、解決に向かうと思っています。お母さんが家事をひとりで背負うのではなく、家族全員が当事者意識を持つ。家事にいちばん必要なのは、何よりも家族間の思いやり。家族で協力し、助け合う精神こそが、最強の家事スキルになると確信しています。

わが家の家事のように、この本はたくさんの方の協力で完成しました。暮らしを回すスキルを見つけてくださった森さん、舵取りをしつつ、明快な構成を考えてくださった浅沼さん、暮らしの一部を溜息の出るような写真で切り取ってくださった林さん、磯金さん、伝えたいことをデザインで表現してくださった後藤さん。執筆に追われる私をサポートしてくれた家族。

支えてくださった方々の力が、この本を手に取ってくださる読者の皆さまに伝われば幸いです。

2018年4月

サチ

STAFF

構成　浅沼亨子
撮影　林　ひろし
　　　磯金裕之（P58、102）
デザイン　後藤美奈子
描き文字　サチ
校正　東京出版サービスセンター
編集　森　摩耶（ワニブックス）

Shop List

高木金属工業（株）
☎ 06-6981-1467

無印良品 池袋西武
☎ 03-3989-1171

イケア・ジャパンカスタマーサポートセンター
☎ 0570-01-3900（ナビダイヤル）

めまぐるしい毎日でも
暮らしが回る

50点家事

著　者　サチ

2018年4月27日　初版発行
2018年7月10日　2版発行

発行者　横内正昭
編集人　青柳有紀
発行所　株式会社ワニブックス
〒150-8482 東京都渋谷区恵比寿4-4-9 えびす大黑ビル
電話 03-5449-2711（代表）　03-5449-2716（編集部）
ワニブックスHP　http://www.wani.co.jp/
WANI BOOKOUT　http://www.wanibookout.com/
印刷所　株式会社 光邦
DTP　株式会社三協美術
製本所　ナショナル製本

ISBN978-4-8470-9663-1

※本書に掲載している情報は2018年3月時点のものです。
　商品情報などは変更になる場合もございます。
※本書に記載されている収納・家事・育児方法などを実践していただく際は、
　建物や性質、注意事項をお確かめのうえ、自己責任のもと行ってください。